SPIRITUELLE PERSPEKTIVEN

Stichwort LIEBE

SPIRITUELLE PERSPEKTIVEN

Rudolf Steiner lag nichts an Systemen. Sein Wirken bestand vielmehr darin, Impulse zu geben, Impulse zu einem in jeder Hinsicht menschenwürdigen Leben, hier und jetzt.

Dazu gehört, dass er das Bewusstsein dafür zu schärfen suchte, dass unser Sein sich nicht beschränkt auf das gegenwärtige, von Geburt und Tod begrenzte Dasein. Unermüdlich rief er in Erinnerung, dass wir in Wirklichkeit geistige Wesen sind, ebenso wie Erde und Kosmos, in deren Gesamtzusammenhang wir stehen.

Durch seine Schriften und Vorträge ermutigte er dazu, diese verborgene Wirklichkeit ernst zu nehmen. Seine zahllosen Anregungen zielen darauf ab, Geistesgegenwart zu entwickeln, die im Augenblick das Notwendige erkennt und tut. Das kann man, überwältigt oder ratlos angesichts der umfangreichen Gesamtausgabe seiner Werke, leicht vergessen.

Die «Spirituellen Perspektiven» versammeln Kerngedanken zu ganz bestimmten Fragen aus Steiners Gesamtwerk und ermuntern so dazu, das Denken in Bewegung zu setzen und die eigene Erkenntnis- und Handlungsfähigkeit zu vertiefen.

Die kurzen Auszüge erheben keinen Anspruch, ein Thema erschöpfend zu behandeln. Sie versuchen vielmehr, Zugänge zu dem unüberschaubaren Komplex von Steiners Werk zu eröffnen, durch die sich seine außergewöhnliche – auch außergewöhnlich anregende – Ideenwelt auf eigene Faust erschließen lässt.

Die Quellenangaben mögen dabei als erste Wegweiser dienen. Doch auch wer sich mit den hier zusammengetragenen Fragmenten begnügt, wird in diesen eine wertvolle Orientierungshilfe für die heutige, nicht minder komplexe Welt finden.

Rudolf Steiner

Stichwort LIEBE

FUTURUM

1. Auflage 2012
Zusammengestellt und herausgegeben von Daniel Baumgartner

© 2012 Futurum Verlag, Basel
© 1955–2003 Rudolf Steiner Nachlassverwaltung, Dornach

Alle Rechte, auch die des auszugsweisen Nachdrucks,
der fotomechanischen und elektronischen Wiedergabe, vorbehalten.

Einbandgestaltung: Finken & Bumiller, Stuttgart
Satz: Verlag
Druck und Bindung: fgb, freiburger graphische betriebe, Freiburg
Printed in Germany

ISBN: 978-3-85636-380-2
www.futurumverlag.com

INHALT

- **7** Stufen der Liebe
- **23** Liebe und Licht
- **29** Liebe als Schöpferkraft
- **33** Liebe zwischen Egoismus und Individualismus
- **41** Liebe, Weisheit und Erkenntnis
- **55** Mitleid und Liebe
- **59** Quellennachweise

STUFEN DER LIEBE

Blutsverwandtschaft als Vorschule der Liebe

Aber der Mensch hat nicht gleich die geistige Liebe haben können, ihm musste zuerst diese Liebe auf dem untersten Gebiete eingepflanzt werden. Einen materiellen Träger musste die Liebe haben: Das ist die Blutsverwandtschaft. Die Liebe auf dem Gebiete der Blutsverwandtschaft zu üben, das war die erste Schule. Dadurch wurden die getrennten Menschen zusammengeführt, dass dasjenige, was als gemeinsames Blut in den Adern rann, sich liebte. Das war die Vorschule der Liebe, das war die große Schule der Liebe. Und der große Impuls, der diese Liebe vergeistigt, der sie nicht nur da lässt, wo sie physisch wirkt als dessen Grundlage, sondern sie dem Seelischen mitteilt, das ist der Christus-Impuls in der Welt.

In jedem Menschen den Verwandten sehen

Das Reich der Liebe wird sich so darstellen, dass, wie zuerst die Blutsverwandtschaft die Menschen aneinanderband, nun der Mensch in jedem Menschen den Verwandten sehen wird, ohne Rücksicht auf das gemeinsame Blut. Das ist in den Worten angedeutet: «Wer nicht verlässt Vater und Mutter, Weib und Kind, Bruder und Schwester, der kann nicht mein Jünger sein.» Alles andere ist kein wirkliches Christentum.

Durch die Geschlechtertrennung wurde Liebe blinder Trieb

Auf dieser Liebe, die sich um die zwei Geschlechter schlingt, beruht alle Macht der Götter im Anfang der Menschheitsevolution. Die Liebe war vorher da, bevor die Zweigeschlechtlichkeit entstand. Sie bestand vorher als eine vollständig bewusste Liebe. Jetzt, als der zweigeschlechtliche Mensch entstand, verdunkelte sich das Bewusstsein der Liebe. Es wurde daraus ein blinder

Trieb, die Sinnlichkeit, die nicht erfüllt ist von heller Klarheit, sondern die sich nur als dunkler Trieb auslebt. Das Bewusstsein der Liebe war hinaufgestiegen zu den Göttern. Die Götter thronten nun oben im Bewusstsein der Liebe, die Menschen aber übten die Liebe in einem blinden Trieb. Die Götter nähren sich von diesem blinden Trieb der menschlichen Liebe, es wird daraus für sie das helle Licht.

Einst lebten die Götter von der Liebe der Menschen

Die Wechselwirkung zwischen Göttern und Menschen kam anfangs in dem zum Ausdruck, was wir Liebe der Menschen untereinander nennen. Als der Mensch anfangs auf der Erde auftrat, wurde er ein zweigeschlechtliches Wesen. Diese Kraft der Liebe, der Verwandtschaft untereinander, das ist das, wodurch das Göttliche sich im Anfang der Erdenevolution ausdrückt. Die Götter empfangen die in den Menschen pulsierende Liebe und leben von ihr, so wie das Tier von dem Sauerstoff lebt, den ihm die Pflanze zubereitet. Die im Menschengeschlecht lebende Liebe ist die Nahrung der Götter.

Liebe ist Nahrung für die Götter

Ja, wir wissen, dass die Götter etwas entbehren, wenn die Menschen nicht in Liebe leben, dass sozusagen die Götter ihre Nahrung in der Liebe der Menschen haben. Je mehr Liebe der Menschen auf der Erde, desto mehr Nahrung der Götter im Himmel – je weniger Liebe, desto mehr Hunger der Götter. Das Opfer der Menschen ist im Grunde genommen nichts anderes als das, was zu den Göttern hinaufströmt als die in den Menschen erzeugte Liebe.

Liebe soll über den Meinungen stehen

Bisher hat das Christentum die Liebe nur in seinen Einrichtungen verwirklichen können. Aber jetzt müssen wir die

Liebe bis in die tiefsten Tiefen der Menschenbrust tragen. Jetzt hat jeder noch die Eigenliebe für seine Meinung. Die Liebe steht erst über der Meinung, wenn man sich trotz der verschiedensten Meinungen vertragen kann. Die verschiedensten Meinungen nebeneinander – und darüber die Liebe. Dann wirkt die einzelne Meinung nicht allein, sondern alle zusammen wirken in einem großen Chor.

Liebe entwickelt sich durch Stufen empor

Damit die Liebe sich auf der Erde entwickeln konnte, musste zunächst der Körper auf einer primitiven Stufe entwickelt sein. Die Liebe musste in der niedersten Form als geschlechtliche Liebe angelegt werden, um sich durch die verschiedenen Stufen hinauf zu entwickeln, und zuletzt, wenn die Erde in ihrer Vollendung in ihrer letzten Epoche angekommen ist, wird die Liebe veredelt emporgehoben, zur rein geistigen Liebe sich im Menschen ausprägen.

Niedere Liebe bildet höhere Liebe aus

Alle niedere Liebe ist Schulung für die höhere Liebe. Der Erdenmensch soll die Liebe in sich ausbilden, um sie am Ende seiner Entwicklung der Erde zurückgeben zu können; denn alles, was im Mikrokosmos entwickelt wird, wird dem Makrokosmos zuletzt eingegossen.

Liebe muss selbstverständlich werden

Damit der Mensch die «Liebe» lernt, muss er im Endlichen anfangen. Um einen höheren Begriff der Liebe zu lernen, muss er mit dem Kleinen anfangen, mit dem Vergänglichen und dem Endlichen und sich weiterentwickeln. Die Liebe muss eine Selbstverständlichkeit, eine selbstverständliche Kraft werden. Sie muss das Ziel sein und das Streben der Menschen. Wenn der Mensch die Liebe entwickelt, dann erlebt er sich in der siebenten und höchsten Region des Kamaloka.

Hingabe an die geistige Welt

Die beste Liebe ist, die Wahrheit objektiv anzuschauen und das warme Liebesgefühl im Herzen zu behalten. Wenn wir so in uns entwickelt haben die Gefühle der Liebe, der Hingabe an die geistigen Welten, die Opfermutigkeit und Ausdauer, dann werden wir auch immer mehr hineinwachsen in die geistigen Welten, denen wir entstammen.

Liebe bringt Kampf und wird Harmonie

Die Liebe ist noch nicht vollkommen. Aber in der ganzen Natur ist sie zu finden. Bei der Pflanze, beim Tier, beim Menschen, von der niedersten Geschlechtsliebe an bis zur höchsten, vergeistigtesten Liebe. Ungeheure Mengen von Wesen, die der Liebestrieb hervorgebracht, gehen im Kampf ums Dasein zugrunde. Kampf wirkt überall da, wo Liebe ist. Das Auftreten der Liebe bringt Kampf, notwendigen Kampf mit sich. Aber sie wird ihn auch überwinden, wird den Krieg in Harmonie verwandeln.

Liebe muss erwachen

Die Liebe entwickelt sich in der Seele in anderer Weise als die Dankbarkeit. Die Dankbarkeit muss wachsen mit dem Menschen; daher muss sie eingepflanzt werden in jenem Lebensalter, wo die Wachstumskräfte am stärksten sind. Die Liebe, die muss erwachen. Es ist tatsächlich in der Entwicklung der Liebe etwas wie ein Vorgang des Erwachens. Die Liebe muss auch in ihrer Entwicklung in seelischeren Regionen gehalten werden. Dasjenige, in das der Mensch hineinwächst, indem er die Liebe in sich allmählich entwickelt, ist ein langsames, allmähliches Erwachen, bis zuletzt das letzte Stadium dieses Erwachens eintritt.

Liebe wirkt befreiend oder als Fessel

Die Liebe zum Geistigen wirkt, wenn sie um des Selbstes willen gesucht wird, *befreiend;* die Liebe zum Sinnlichen wirkt, wenn sie wegen des Selbstes angestrebt wird, nicht befreiend; sondern sie führt durch die Befriedigung, welche durch sie erzielt wird, Fesseln für das Selbst herbei.

Nektar und Ambrosia

Es wird in der griechischen Sage erzählt, dass die Götter von Nektar und Ambrosia leben. Das ist die männliche und weibliche Liebe der Menschen.

Liebe in niedriger und in geistiger Sphäre

Doch die Liebe wird etwas Edles, wenn der Mensch aufsteigen kann in höhere Welten und lieben kann dasjenige, was er sich erobert durch die spirituellen Begriffe. Vergessen wir nur ja nicht: Liebe ist etwas, was niedrig ist, wenn es in einer niedrigen Sphäre wirkt, was edel und hoch und geistig ist, wenn es in einer höheren, in einer geistigen Sphäre wirkt.

Seelische Liebe – Prinzip des Christentums

Der Gott, der die Menschen zusammenführt, wollte ein solcher sein, der in seelischer Liebe wirkt, und dies ist das Prinzip der christlichen Religion. Wie sich früher Leib zu Leib im natürlichen Prinzip gefunden hat, so findet sich im Christentum Seele und Seele durch das Christus-Prinzip in der höheren Liebe zusammen.

Liebe in Seele und Bewusstsein

Seele und Bewusstsein stehen einander so gegenüber: Die Seele erglüht in der geistigen Liebe, und das Bewusstsein durchstrahlt und durchleuchtet diese geistige Liebe mit dem Prinzip der Klarheit und Freiheit. So lebt der Mensch zwischen diesen beiden Polen seines Seins, so wirkt und lebt er zwischen diesen beiden Mächten mitten drinnen.

Wie alt die Liebe ist

Die Liebe ist höchstens 700 Jahre alt! Lesen Sie die ganze alte römische, die griechische Literatur und Dichtung, und Sie werden nirgends dasjenige finden, was man in der jetzigen Zeit mit dem Begriff der Liebe verbindet. Und wenn Sie Plutarch lesen, so werden Sie die beiden Begriffe Venus und Amor in sehr charakteristischer Weise deutlich voneinander unterschieden finden. Die Art und Weise, wie die Liebe in der Dichtung, namentlich in der Lyrik figuriert, wie sie den Mittelpunkt von soundso vielen lyrischen Ergüssen bildet, ist nicht älter als etwa 600 bis 700 Jahre. Das heißt, der Begriff von Liebe, mit der Bedeutung, wie sie heute dem Menschen gilt, wie man sie ihm heute beibringt, figuriert in den Gemütern der Menschen erst seit sechs bis sieben Jahrhunderten. Früher hat man nicht – auch nicht in annähernd ähnlicher Weise – von *diesem* Begriff der Liebe gesprochen.

Liebe als Gemeinsamkeit bei den Lehren der Religionsstifter

Höchst bedeutsam ist es, wie man zusammen hat in China sowohl Lao-tse wie Konfuzius sechs Jahrhunderte vor unserer Zeitrechnung, in Indien den Buddha, in Persien den letzten Zarathustra – nicht den ursprünglichen –, in Griechenland Pythagoras. Wie verschieden sind diese Religionsstifter! Nur ein ganz abstrakter Sinn, der nicht auf die Unterschiede sehen kann, kann etwa so, wie das heute, aber nur durch einen Unfug vielfach geschieht, darauf aufmerksam machen, wie Lao-tse oder Konfuzius dasselbe enthalten wie andere Religionsstifter. Das ist nicht der Fall. Aber eines ist bei allen der Fall: Sie enthalten alle in ihrer Lehre das Element, dass Mitgefühl oder Liebe regieren muss von Menschenseele zu Menschenseele! Das ist das Bedeutsame, dass da sechs Jahrhunderte vor unserer Zeitrechnung das Bewusstsein davon sich zu regen beginnt, wie jetzt in den fortgehenden Strom der Menschheitsentwicklung Liebe und Mitgefühl aufzunehmen sind.

Vergeistigte Liebe verwandelt

Die neue Errungenschaft des Christentums auf dem Gebiet der Mystik, der Innerlichkeit und des Übersinnlichen besteht darin, dass es die vergeistigte Liebe geschaffen hat, das Ferment, das den Menschen von innen her verwandelt, den Sauerteig, der die Welt emporhebt. Der Christus ist gekommen, um zu sagen: «Wenn du nicht verlassest deine Mutter, dein Weib und alle leibliche Bindung, kannst du nicht mein Jünger sein.» – Das bedeutet nicht die Aufhebung aller natürlichen Bande, aber die Ausdehnung der Liebe außerhalb der Familie auf alle Menschen, die Verwandlung der Liebe in eine lebendige und schöpferische Kraft, in eine Kraft der Umwandlung.

Liebe zwischen Lebenden und Toten

Unter den mancherlei Dingen, die sich in unsere Gefühle hereindrängen, in der Betrachtung der geistigen Welt, die wir finden, wenn wir uns dazu vorbereiten, unter diesen mancherlei Gefühlen ist vor allen Dingen dieses: Die Liebe, in der verbunden war die Seele mit anderen Seelen, wird jene, die durch die Pforte des Todes gehen, hindurchführen, -tragen in die Welt der lichtvollen Geistigkeit. – Die Toten vergessen die Lebenden nicht, und unter den Wünschen, die sie lenken in das Tal des Erdenlebens, sind diejenigen vor allen Dingen, die für uns Zurückbleibende in Betracht kommen, die da gehen nach der Liebe, die wir auf uns genommen haben, unausgesprochen, aber wie ein teures Versprechen, das wir den Seelen gegeben haben. Und richtig gesehen, das Verhältnis von Seele zu Seele gibt uns das Gefühl, die Überzeugung: Es ist wie ein unerfülltes gegebenes Versprechen, wenn wir nicht imstande sind, hinauszutragen über die Zeiten, in denen wir uns physisch trennen müssen, die Liebe, die wir ihnen hier entgegengebracht haben.

Liebe und Leiblichkeit

Im gewöhnlichen Leben zwischen Geburt und Tod wirkt die Liebe durch den körperlichen Organismus; sie ist innig verbunden mit Instinkten und Trieben der Menschennatur. Und nur in den erhabensten Augenblicken löst sich etwas von dieser Liebe los von der Leiblichkeit. Dann hat der Mensch jenen erhebenden Augenblick, wo er von sich selber frei wird, welches der Zustand der wahren Freiheit ist, wo der Mensch sich nicht hingibt den Trieben, sondern wo er sich vergisst, wo er nach den äußeren Tatsachen, nach der Notwendigkeit der Tatsachen seine Handlungen einrichtet. ... Die Liebe muss allmählich sich so vergeistigen, wie die Erinnerungsfähigkeit sich vergeistigen muss; sie muss zu einer Kraft werden, die nur seelisch ist, die ganz und gar ihn als seelisches Wesen unabhängig macht vom Leibe, sodass er lieben kann, ohne dass der Leib durch sein Blut, durch seine ganze Organisation die Gründe für diese Liebe gibt. Dadurch kommt das Versenken in die äußere Welt, in den Menschen; dadurch wird man eins mit der äußeren Welt.

Geschlechtliche Liebe und allgemeine Menschenliebe

Wenn der Mensch geschlechtsreif wird, da entwickelt sich als eine Selbstverständlichkeit die Liebe zum anderen Geschlecht. Gewiss, sie individualisiert sich dann in der Liebe des einen Mannes zu einer Frau; aber dasjenige, was sich da individualisiert, was da als besonderes Faktum auftritt in seiner vollen Berechtigung, das ist zu gleicher Zeit der individuelle Ausdruck für eine allgemeine Menschheitsliebe, für die allgemeine Menschenliebe. Diese allgemeine Menschenliebe als besondere, sie entwickelt sich auch ebenso wie die Liebe zum anderen Geschlechte mit der Geschlechtsreife. Diejenige Liebe, die der Mensch zum Menschen hat, sie entwickelt sich in ihrer Selbständigkeit erst mit der Geschlechtsreife, denn diese Liebe, die muss ja frei von Autorität sein. Diese Liebe ist eine wirkliche Hingabe.

Heranbildung der Geschlechtsliebe zur Menschenliebe

Nicht nur die Geschlechtsliebe bildet sich aus in dem Zeitalter vom Zahnwechsel bis zur Geschlechtsreife, sondern überhaupt das Lieben, das Lieben für alles. Die Geschlechtsliebe ist nur ein Teil der Liebe, die sich heranbildet in diesem Lebensalter. Man kann in diesem Lebensalter sehen, wie sich die Naturliebe heranbildet, wie sich die allgemeine Menschenliebe heranbildet, und man muss eben einen starken Eindruck davon haben, wie die Geschlechtsliebe nur ein Spezialkapitel ist in diesem allgemeinen Buche des Lebens, das von der Liebe redet. Wenn man das versteht, so wird man auch die Geschlechtsliebe erst in der richtigen Weise ins Leben hinein orientieren können. Heute ist im Grunde genommen gerade für viele Theoretiker die Geschlechtsliebe der Moloch geworden, der alle Liebespflanzen eigentlich nach und nach aufgefressen hat.

Platonische Liebe

Die platonische Liebe wäre in einem viel größeren Maße vorhanden, wenn sich nicht die sinnliche Liebe beimischte. Und während früher alles, was an dem Menschen gestaltend wirkte, eine Folge der geistig-göttlichen Umgebung war, wurde es jetzt mehr eine Folge der Leidenschaften und Triebe der beiden Geschlechter, die aufeinander wirkten.

Liebe steigern

Das ist die menschliche Kraft der Liebe: Die Liebe, die den Menschen mit anderen zusammenführt in der Art, dass er sich dem Wesen, das er liebt, nähert durch den physischen Leib oder durch die im physischen Leib verkörperte Seele oder den verkörperten Geist. Durch die Weiterausbildung dieser Liebe, sodass diese Liebe hineinreichen kann in das Erleben des Ätherleibes zuerst, dass man aber diese Liebe auch hinüberbringen kann in das Erleben im astralischen Leibe, durch das Weiterentwickeln dieser Liebefähigkeit gelangen wir zuletzt dazu, nicht nur unseren physischen Leib erkennend zu erleben, sondern wir gelangen dazu, nach und nach die Liebe so weit steigern zu können, dass wir nicht nur andere Wesen sehen, sondern auch mit diesen anderen geistigen Wesenheiten – wir selbst sind dann Geist – so in Beziehung treten können, wie wir mit physischen Menschen auf der Erde in Beziehung getreten sind.

Das Rad der Liebe

Warum konnte denn der Christus mit seinen Worten jenes große Beispiel der «Heilung durch das Wort» hinstellen? Er konnte es, weil er der Erste war, der das «Rad der Liebe» – nicht das «Rad des Gesetzes» – als eine freie Fähigkeit und Kraft der Menschenseele rollen ließ, weil er im höchsten Maße die Liebe in sich hatte, so überfließend und überschäumend, dass sie überfloss in diejenigen, die in seiner Umgebung gesund werden sollten; weil sein Wort, das er sprach — sei es «Stehe auf und wandle» oder «Deine Sünden sind dir vergeben» oder ein anderes Wort, aus seiner im Innern überfließenden Liebe hervorging. Er sprach Worte, die aus einem Überlaufen der Liebe über das Maß des Ich hinaus gesprochen waren. Und die, welche sich ein wenig mit dieser Tatsache erfüllen konnten, nannte der Christus Gläubige.

Liebe als Erinnerung an das kosmische Leben

Was heißt im Grunde genommen, kosmisch gefasst, ein freies Wesen sein? Ein freies Wesen sein, sich zurückverwandeln können aus dem Physisch-Leiblichen in das Geistig-Seelische, heißt im Grunde genommen, sterben können; während Liebe heißt, sich verwandeln können aus dem Geistig-Seelischen in Physisch-Leibliches. Lieben können heißt leben können, kosmisch gefasst.

Sie sehen hier, wie Vorgänge, die zweifellos auch ganz natürlich gefasst werden können, das Geborenwerden und das Sich-Entkörpern des Menschen, Geburt und Tod, die die äußere Naturwissenschaft nur als Naturvorgänge auffasst, als Erscheinungen, als Offenbarungen von Liebe und Freiheit gefasst werden können. Und indem wir in uns aus unserem Willen heraus entwickeln die Liebe, geistig-seelisch, was tun wir denn da eigentlich? Da bilden wir ein geistig-seelisches Nachbild in uns, innerhalb unserer Haut, von dem, was unser ganzes Wesen ausmachte, bevor wir empfangen worden sind. Wir leben vor unserer Empfängnis im Kosmos durch die Kraft der Liebe. Und gewissermaßen wie eine gefühlsmäßig-willensmäßige Erinnerung an dieses kosmische Leben ist die Entfaltung der Liebe als einer moralischen Tugend während unseres Lebens zwischen Geburt und Tod.

Veredelung des Liebeprinzips

So wie auf unserem Vorgänger, dem Monde, die Weisheit eingeimpft worden ist, so soll auf unserem Planeten eingeimpft werden die Liebe. Unser Planet ist der Planet der Liebe. Deshalb hat begonnen die Entwicklung, sozusagen die Einträufelung der Liebe in ihrer niedrigsten Form. Da alles herausgekommen war in der Zeit der Lemuria, als das Ich des Menschen Form annahm, da begann durch die Geschlechterteilung die Entwicklung der Liebe in ihrer niedrigsten Form. Und alle Weiterentwicklung besteht in einer zunehmenden Veredelung bis zur Vergeistigung dieses Liebeprinzips. Und ebenso wie auf dem Monde Weisheit den Wesen eingeträufelt worden ist, so wird, wenn unsere Erde einst an ihrem Ziele angelangt sein wird, Liebe auf dem Grunde aller Wesen sein.

Mutterliebe wird immer mehr seelisch-geistig

Nehmen wir die Liebe, die die Mutter hat zu ihrem Kinde. Diese wächst aus der physischen Welt heraus. Sie trägt zunächst einen animalischen Charakter. Es sind Sympathien, welche Mutter und Kind verbinden, welche eine Art von physischer Kraftwirkung sind. Dann aber läutert sich dasjenige, was aus der physischen Welt herauswächst, es veredelt sich die Liebe der beiden Wesenheiten; immer mehr und mehr seelisch-geistig wird diese Liebe. Alles, was der physischen Welt entspringt, wird ebenso abgeworfen im Tode wie die äußeren Hüllen. Dafür bleibt aber auch alles dasjenige bestehen, was in dieser physisch-menschlichen Hülle an Seelischem, an Geistigem in dieser Liebe aufgebaut wird, ebenso wie das menschliche Innere selbst in die geistige Welt hineinlebt, sodass die Liebe zwischen Mutter und Kind fortlebt in der geistigen Welt.

Verwandelter Zorn ist Liebe

Wenn wir den Zorn verwandeln, wenn wir heraufsteigen von demjenigen, was in der Empfindungsseele als edler Zorn erglüht bis in die Verstandes- und Bewusstseinsseele, dann wird Liebe und Milde und eine segnende Hand aus dem Zorn heraus sich entwickeln.

Verwandelter Zorn ist Liebe im Leben. So sagt es uns die Realität. Daher hat der Zorn, der in sich selber maßvoll auftritt im Leben, die Mission, den Menschen zur Liebe zu führen; wir können ihn bezeichnen als den Erzieher zur Liebe. Und nicht umsonst nennt man das, was sich in der Welt zeigt wie ein Unbestimmtes, aus der Weisheit der Welt Herausfließendes, das ausgleicht, was nicht sein soll, den «göttlichen Zorn» im Gegensatz zur «göttlichen Liebe». Aber wir wissen auch, dass diese beiden Dinge zusammengehören, dass das eine ohne das andere nicht bestehen kann. Im Leben bedingen und bestimmen sich diese Dinge.

Liebe zum Übersinnlichen

Liebe kann man zu etwas Bekanntem haben, und man muss Liebe zu vielem Bekannten in der Welt haben. Aber da Liebe ein Gefühl ist, und das Gefühl für das Denken die Grundlage sein muss im umfassendsten Sinne des Wortes, so müssen wir, wenn durch das Denken gefunden werden soll ein Übersinnliches, uns klar sein darüber, dass das Umfassen des Unbekannten, des Übersinnlichen durch das Gefühl vorher möglich sein muss, bevor gedacht werden kann. Das heißt: Es muss dem Menschen möglich sein – die unbefangene Beobachtung beweist es, dass es möglich ist –, dass Liebe entwickelt wird zum Unbekannten, zum Übersinnlichen, bevor er dieses Übersinnliche denken kann. Liebe zum Übersinnlichen, bevor man imstande ist, es mit dem Lichte des Gedankens zu durchdringen, ist möglich, ist notwendig.

Wer Liebestaten verrichtet, erhält mehr

Nehmen wir einmal an, ein Mensch habe ein liebevolles Herz, und er erweist aus seinem liebevollen Herzen einem anderen Menschen, der der Liebe bedarf, eine liebende Tat, so gibt er etwas dem anderen Menschen ab, aber er wird dadurch nicht leerer, sondern indem er Liebestaten dem anderen Menschen hinübergibt, erhält er mehr, er wird voller, und wenn er ein zweites Mal eine Liebestat verrichtet, wird er noch voller, hat er noch mehr. Man wird nicht arm, nicht leer dadurch, dass man Liebestaten verrichtet, sondern man wird reicher, man wird voller. Man gießt in den anderen Menschen etwas hinüber, was einen selbst voller macht. ...

Was Liebe ist, ist etwas so Kompliziertes, dass kein Mensch den Hochmut besitzen sollte, Liebe zu definieren, Liebe ihrem Wesen nach ohne weiteres zu durchschauen. Liebe ist kompliziert. Wir nehmen sie wahr, aber keine Definition kann die Liebe ausdrücken. Aber ein Sinnbild, ein einfaches Sinnbild, ein Glas Wasser, das, indem es ausgegossen wird, voller wird, das gibt uns eine Eigenschaft des Liebeswirkens wieder.

Die Liebe muss im Menschen erwachen

Die Liebe entwickelt sich in der Seele in anderer Weise als die Dankbarkeit. Die Dankbarkeit muss wachsen mit dem Menschen; daher muss sie eingepflanzt werden in jenem Lebensalter, wo die Wachstumskräfte am stärksten sind. Die Liebe, die muss erwachen. Es ist tatsächlich in der Entwicklung der Liebe etwas wie ein Vorgang des Erwachens. Die Liebe muss auch in ihrer Entwicklung in seelischeren Regionen gehalten werden. Dasjenige, in das der

Mensch hineinwächst, indem er die Liebe in sich allmählich entwickelt, ist ein langsames, allmähliches Erwachen, bis zuletzt das letzte Stadium dieses Erwachens eintritt.

Liebe zum Übersinnlichen

Die Liebe zum Übersinnlichen wandelt
das Erz der Wissenschaft in das Gold der Weisheit.

Erinnerung und Liebe

Erinnerung und Liebe
Sie stellen den Menschen
In das Erdeleben
Sie führen ihn
Wieder zum Geist zurück,
Wenn Erinnerung im Bilddenken
Und Liebe in Seelenhingabe
Sich dem Sinnessein entreißen.

Den Menschen lieben, weil er Mensch ist

Betrachten wir noch einmal die Worte:
In der reinen Liebe zu allen Wesen
Erstrahlet die Göttlichkeit meiner Seele.

Dieses «Reine-Liebe-Üben» hat ja die christliche Kirche zu ihrem Lieblingsspruch sich auserkoren. Viel wird dieser Spruch allerdings von Christen in den Mund genommen, aber wenig wird im Allgemeinen danach gehandelt. Leicht ist es ja auch nicht, wenn wir seine ganze Konsequenz ermessen. Bedenken wir einmal, was es heißt: Liebe haben zu allen Wesen, Liebe spenden ohne Erwartung der Gegenliebe, ohne Anerkennung, ohne Belohnung zu fordern – denn unser Ideal soll sein: Wir sollen den Menschen lieben, weil er Mensch ist! – Wie hoch muss der Mensch in seiner Entwicklung stehen, damit er solcher Nächstenliebe fähig ist! Können wir uns zu dieser Selbstlosigkeit erziehen, alle Menschen zu lieben wie uns selbst, durch die Gebote und Dogmen der Kirche oder durch den

Zwang eines moralischen Gesetzes? Ist es nicht viel fruchtbarer für die Seele, wenn sie ohne jeglichen Zwang diese hohe Tugend in sich zur Blüte bringt?

In der Betätigung dieser Lehre Christi kann auch ein Hindu, ein Mohammedaner, ein Parsi, ein Katholik, ein Protestant, ein Jude, ja selbst ein Ketzer ein wahrer Christ sein, auch ohne Zugehörigkeit zur christlichen Kirche. Und auch wir lernen in unseren Meditationen, dass in ihnen verborgen liegt der Weg, den Christus uns gezeigt hat und der er selber ist: «Ich bin der Weg, die Wahrheit und das Leben.»

Glaube, Liebe, Hoffnung – drei Stufen

Glaube, Liebe, Hoffnung sind drei Stufen menschlichen Wesens, die zur gesamten Gesundheit und zum gesamten Leben gehören, ohne die der Mensch nicht sein kann. Und ebensowenig, wie ein dunkler Raum ein Arbeitsraum sein kann, wenn er nicht beleuchtet wird, so kann das menschliche Wesen in seiner vierfachen Natur nicht bestehen, wenn seine drei Hüllen nicht durchtränkt, durchglüht und durchkraftet sind von Glaube, Liebe, Hoffnung, von demjenigen, was die Grundkräfte sind unseres Astralleibes, unseres Ätherleibes und unseres physischen Leibes.

Liebe als höchste Tugend

Die drei höheren Tugenden sind:

> Glaube
> Hoffnung
> Liebe.

Goethe hat es ausgedrückt mit den Worten: «Alles Vergängliche ist nur ein Gleichnis.» Wenn der Mensch in allem, was er sehen und hören kann, nur ein Sinnbild sieht für ein Ewiges, das es ausdrückt, dann hat er den «Glauben». Das ist die erste der drei höheren Tugenden. Die zweite ist, ein Gefühl dafür zu entwickeln, dass der

Mensch nie auf dem Punkte stehenbleiben soll, auf dem er steht. ... Das ist die Hoffnung. Wir haben also den Glauben an das Ewige, und dann das Vertrauen, die Hoffnung auf die höhere Entwicklung. Die letzte Tugend ist die, welche als letztes Ziel unseres Kosmos auszubilden ist, es ist die Liebe. Deshalb nennen wir auch unsere Erde den «Kosmos der Liebe». Was wir in uns entwickeln müssen, indem wir der Erde angehören, das ist die Liebe, und wenn wir unsere Erdenpilgerschaft vollendet haben werden, dann wird die Erde ein Kosmos der Liebe sein. Die Liebe wird dann eine selbstverständliche Kraft aller menschlichen Wesen sein. Sie wird mit einer solchen Selbstverständlichkeit auftreten, wie beim Magneten die magnetische Kraft der Anziehung und Abstoßung selbstverständlich ist.

LIEBE UND LICHT

Licht und Liebe

Die Erkenntnis ist das Licht
Und die Liebe dessen Wärme.

Licht und Liebe als zwei Pole

Zwei Mächte müssen auf der Erde wirken: der Liebesträger Christus, der Lichtträger Luzifer. Für den Menschen sind Licht und Liebe die zwei Pole. Unter der Einwirkung dieser beiden polarisch auftretenden Kräfte lebt jetzt der Mensch. Die Götter, welche die Liebe impulsiert haben, waren einstmals Licht; das Licht ist berufen, wiederum Liebe zu werden. Das Licht kann missbraucht werden und zum Bösen führen, aber es muss da sein, wenn der Mensch frei werden soll.

Keine Liebe ohne Licht, kein Licht ohne Liebe

So erscheint also wirklich das Leben wie ein Kampf zwischen dem Licht und der Liebe. Und das ist es auch in seiner gegenwärtigen Stufe der Entwicklung. So wie die Physiker positive und negative Elektrizität, positiven und negativen Magnetismus als die zwei Pole hinstellen, die notwendig zusammengehören, so gehören Licht und Liebe auf dem höheren Gebiete des menschlichen Lebens zusammen als die zwei Pole des menschlichen Daseins. Niemals entsteht bloß *eine* Art von Elektrizität; wenn Sie eine Glasstange reiben, wird sie positiv elektrisch, das Reibzeug wird dagegen negativ elektrisch. So ist es überall. Niemals kann in der Entwicklung des Lebens bloß das eine wirken, immer muss als notwendige Ergänzung das andere hinzutreten. Und im menschlichen Leben sind die zwei Pole Liebe und Licht. Eines ist nicht möglich ohne das andere.

Durch Christus ist Licht in Liebe verwandelt worden

Das, was Christus der Erde brachte, wirkt von innen. Es ist das zur Liebe heraufgeholte Licht, das Gesetz, das in der Seele selbst geboren wird, das Paulus die «Gnade» nennt. Das Gesetz, das aus der innersten Natur heraus wiedergeboren war, das war zugleich Liebe und Licht, und das hat den Anfang gegeben zu einer neuen Evolution auf der Erde. Paulus nennt den Christus den «umgekehrten Adam».

Beim Menschen wirkte über ihm der Gott der Liebe, in ihm selbst der Luzifer, das Licht. Um zur Liebe zu gelangen, muss man erst Licht werden. Durch das Erscheinen des Christus Jesus ist dieses Licht zur Liebe verwandelt worden. Christus Jesus stellt die Hinaufhebung des Lichts zur Liebe dar.

Liebe – die moralische Sonne der Welt

Wir haben für unseren Egoismus nichts von Taten der Liebe, aber die Welt hat davon umso mehr. Der Okkultismus sagt: Die Liebe ist für die Welt dasjenige, was die Sonne für das äußere Leben ist. Es würden keine Seelen mehr gedeihen können, wenn die Liebe weg wäre von der Welt. Die Liebe ist die moralische Sonne der Welt. Wäre es für einen Menschen, der Wohlgefallen, Interesse hat an dem Blumenwachstum einer Wiese, nicht absurd, wenn er wünschen würde, dass die Sonne verschwinde aus der Welt? Ins Moralische übertragen heißt das: Man muss Interesse haben daran, dass eine gesunde Entwicklung sich durchringt in den Menschheitszusammenhängen. Weise ist es, wenn wir so viel Liebe wie möglich über die Erde ausgestreut haben. Einzig weise ist es, wenn wir die Liebe fördern auf der Erde.

Liebe kommt über das Licht der Sonne zu den Menschen

Die Erde wird beschienen von der heutigen Sonne. Wie der Mensch die Erde bewohnt und die Liebe nach und nach sich aneignet, so bewohnen die Sonne andere, höhere Wesen, weil die Sonne auf einer höheren Stufe des Daseins angekommen ist. Der Mensch ist Erdenbewohner, und Erdenbewohner sein, bedeutet ein Wesen sein, das sich die Liebe aneignet während der Erdenzeit. Ein Sonnenbewohner in unserer Zeit bedeutet ein Wesen, welches die Liebe entzünden kann, welches die Liebe einströmen lassen kann. Nicht würden die Erdenbewohner die Liebe entwickeln, sie nicht aufnehmen können, wenn nicht die Sonnenbewohner ihnen die reife Weisheit schicken würden mit den Lichtstrahlen. Indem das Licht der Sonne auf die Erde herunterströmt, entwickelt sich auf der Erde die Liebe. Das ist eine ganz reale Wahrheit. Die Wesenheiten, die so hoch stehen, dass sie die Liebe ausströmen können, haben die Sonne zu ihrem Schauplatze gemacht.

Gleichgewicht von Licht und Liebe

Wir entnehmen das Heilmittel entweder aus der Umgebung, aus dem dicht gewordenen Licht oder aus unserer eigenen Seele, aus der heilenden Liebestat, Opfertat, und heilen dann mit der aus der Liebe gewonnenen seelischen Kraft. Wir verbinden uns mit dem, was auf der Erde im tiefsten Inneren berechtigt ist, wenn wir uns auf der einen Seite verbinden mit dem Licht, auf der andern Seite mit der Liebe. Alle Erdenzustände sind irgendwie Gleichgewichtszustände zwischen Licht und Liebe. Und ungesund ist eine Störung in dem Gleichgewicht zwischen Licht und Liebe. Ist irgendwo die Störung in der Liebe, so können wir helfen, indem wir die Kraft der Liebe selbst entfalten; und ist die Störung im Lichte, so können wir helfen, indem wir uns im Weltall irgendwie dasjenige Licht verschaffen, welches die Finsternis in uns aufheben kann.

Das Weltall ist lautere Liebe

Das Weltenall besteht seiner inneren Substanz und Wesenheit nach, insofern es das All des Menschen ist, aus lauterer Liebe, es ist nichts anderes als lautere Liebe. Wir finden innerhalb des dem Menschen zugeordneten Göttlichen nichts anderes als lautere Liebe. Aber diese Liebe ist eben ein Innerliches, sie kann innerlich von Seelen erlebt werden. Sie würde niemals zur äußeren Erscheinung kommen, wenn sie sich nicht zunächst ihren Körper bildete aus dem Elemente, dem ätherischen Elemente des Lichtes. Und wenn wir richtig okkultistisch die Welt anschauen, so kommen wir einfach dazu, uns zu sagen: Das Grundwesen der Welt ist als Licht äußerlich erscheinende innere Liebewesenheit.

Es ist das nicht eine Glaubensüberzeugung dessen, der in diese Dinge hineinschaut, sondern es ist eine ganz objektiv gewonnene Erkenntnis: Das Weltall, insofern der Mensch darin wurzelt, ist durch das Licht äußerlich zur Erscheinung gelangende innerlich wesentliche Liebe. Wesentlich, weil wir es zu tun haben mit all den Wesenheiten der höheren Hierarchien, die von dieser Liebe getragen werden und die diese Liebe innerlich erleben, was aber, wenn wir eine abstrakte Idee anwenden wollen, als Licht erscheint. Der äußere Schein der Wesen ist Liebe, und der äußere Schein von Liebe ist Licht. Das ist es, was man in allen Mysterien immer wieder und wieder betont hat, was nicht bloße Glaubensüberzeugung, sondern was die wirklich gewonnene Erkenntnis jedes wahrhaften Okkultisten ist.

Liebe und Licht sind ineinander gewoben

Jede Regung seelischer Art, wo sie auch immer auftritt, ist in irgendeiner Weise modifizierte Liebe. Und wenn wir Inneres und Äußeres beim Menschen gleichsam ineinandergesteckt haben, ineinandergeprägt haben, so haben wir seine äußere Leiblichkeit gewoben aus Licht, sein inneres Seelisches haben wir gewoben in einer vergeistigten Weise aus Liebe. Liebe und Licht sind in der Tat in allen Erscheinungen unseres Erdendaseins irgendwie ineinandergewoben. ...

Liebe und Licht sind die zwei Elemente, die zwei Komponenten, die alles Erdendasein durchsetzen: Liebe als seelisches Erdendasein, Licht als äußeres materielles Erdendasein.

Liebe und Licht als Urelemente

Geist eröffnet uns, offenbart uns das Licht, das uns die Welt beleuchtet; Seele zündet in uns dasjenige an, was uns mit jeglichem Wesen, mit dem Innern eines jeglichen Wesens verbindet, was uns als Mensch unter Menschen, was uns überhaupt unter anderen Menschen unmittelbar leben lässt. Liebe ist das Urelement des Seelischen. Licht in der geistigen Welt ist das Urelement des Geistigen.

LIEBE ALS SCHÖPFERKRAFT

Liebe hat die Welt geschaffen

Das In-sich-die-Liebe-Heranbilden wird zu der Erkenntnis führen, dass die Liebe die Welt geschaffen hat.

Liebe ist Schöpferkraft

Die Liebe, die sinnliche, ist der Ursprung für das Schöpferische, das Entstehende. Ohne sinnliche Liebe würde es nichts Sinnliches mehr geben auf der Welt; ohne die geistige Liebe entsteht nichts Geistiges in der Entwicklung. Wenn wir Liebe üben, Liebe pflegen, so ergießen sich Entstehungskräfte, Schöpferkräfte in die Welt.

Durch unsere Liebestaten wird die Welt reicher

Die Bedeutung der Liebe im Wirken der Welt wollen wir uns so vor die Seele führen: Liebe ist dasjenige, was uns immer auf Lebensschulden der Vergangenheit verweist, und weil wir vom Bezahlen der Schulden für die Zukunft nichts haben, darum haben wir selbst nichts von unseren Liebestaten. Wir müssen unsere Liebestaten zurücklassen in der Welt, da aber sind sie eingeschrieben in das geistige Weltengeschehen. Wir vervollkommnen uns nicht durch unsere Liebestaten, nur durch die anderen Taten, aber die Welt wird reicher durch unsere Liebestaten. Denn Liebe ist das Schöpferische in der Welt.

Liebe als künftige Naturkraft

Wie Liebe aus Lieblosem hervorgeht, so die Weisheit aus Unweisheit. Die, welche die Erdentwicklung erreichen, werden die Liebe als eine Naturkraft in den nächsten Planeten hineinbringen. So ward auch einst die Weisheit auf die Erde getragen. Die Menschen der Erde schauen auf zu den Göttern als zu den Bringern der Weisheit. Die Menschen des folgenden Planeten werden zu den Göttern als zu den Bringern der Liebe aufschauen.

Liebe als schaffende Kraft

Die Liebe, welche durch die physischen Gegenstände hervorgebracht wird, kann nie zu Geistigem führen. Jene Liebe, die befriedigt ist, auch wenn der Gegenstand der Liebe im Geistigen allein vorhanden ist, jene Liebe, die im tiefen inneren Erleben bleibt, ist eine schaffende Kraft für eine höhere Art von Elementen, die den geistigen Raum durchziehen. Diese Liebe ist die echte Liebe. Die Vorstufe davon ist, was der Künstler im Schaffen empfindet. Er hat sie nur dann, wenn er geistige Werke aus seiner Seele heraus produziert. Jene Liebe verwandelt den vorher stummen, licht- und farbendurchfluteten geistigen Raum in eine Welt von Tönen, und es spricht in geistigen Tönen eine Welt zu uns.

Kraft der Liebe – Kraft des Handelns

Welche Kraft allein ist es denn, die zum Handeln kommen kann, wenn nicht das, was uns von der äußeren Welt abgefordert wird, die Impulse zum Handeln liefert? Welche Impulse können dann wirken?

Man wird durch eine leichte Erwägung sehen, dass es ein umfassender Impuls sein muss, der dadurch in die Seele dringt, dass diese von einer umfassend wirkenden Kraft erfüllt wird: Das ist der Impuls der Liebe, der aus der Seele unmittelbar herausströmt, aber nur dann unmittelbar aus ihr herausströmt, wenn sie von innerlichen Impulsen getrieben wird. Es wird die Geisteswissenschaft, Verständnis für die Geisteswissenschaft, dem Menschen ein Lebensgut liefern, das von unbegrenztem Wert ist: ein immer freieres und freieres Hinneigen zu seinem Handeln, was allein die Kraft des Handelns beleben kann, wenn die Impulse geistige sind, und damit zur Kraft der Liebe.

Aus Liebe entsteht Schöpferisches für die Zukunft

In das Innerste des menschlichen Wesenskernes ist ... der Keim der Liebe gesenkt. Und von da aus soll er in die ganze Entwicklung einströmen. Wie sich die vorher gebildete Weisheit in den Kräften der sinnlichen Außenwelt der Erde, in den gegenwärtigen «Naturkräften» offenbart, so wird sich in Zukunft die Liebe selbst in allen Erscheinungen als neue Naturkraft offenbaren. Das ist das Geheimnis aller Entwicklung in die Zukunft hinein: dass die Erkenntnis, dass auch alles, was der Mensch vollbringt aus dem wahren Verständnis der Entwicklung heraus, eine *Aussaat* ist, die als *Liebe* reifen muss. Und so viel als Kraft der Liebe entsteht, so viel Schöpferisches wird für die Zukunft geleistet. In dem, was aus der Liebe geworden sein wird, werden die starken Kräfte liegen, welche zu dem oben geschilderten Endergebnis der Vergeistigung führen. Und so viel geistige Erkenntnis in die Menschheits- und Erdenentwicklung einfließt, so viele lebensfähige Keime für die Zukunft werden vorhanden sein. Geistige Erkenntnis wandelt sich durch das, *was sie ist,* in Liebe um.

Liebe wird zu magischen Kräften

In der Zukunft werden die Menschen Liebesströme hinaufsenden zu den Geistern, und aus dem Liebesopfer wird wieder etwas herunterströmen: Dem Menschen werden zuströmen höhere Kräfte, die, von Geistigem dirigiert, mit immer größerer Macht eingreifen werden in unsere physische Welt. Das werden dann im wahren Sinne magische Kräfte sein.

LIEBE ZWISCHEN EGOISMUS
UND INDIVIDUALISMUS

Die Notwendigkeit der egoistischen Liebe

Aber nun können Sie, wenn Sie das menschliche Leben betrachten, bald ersehen, dass auch eine andere Art von Liebe hereinspielt in das menschliche Leben, diejenige Liebe, wo man liebt, weil man selber gewisse Eigenschaften hat, die sich befriedigt, entzückt, erfreut fühlen, wenn man dieses oder jenes Wesen lieben kann. Man liebt dann um seinetwillen; man liebt, weil man so oder so geartet ist, und diese besondere Artung ihre Befriedigung fühlt dadurch, dass man das andere Wesen liebt. Sehen Sie, diese Liebe, die man eine egoistische Liebe nennen könnte, muss auch da sein. Sie darf nicht etwa fehlen in der Menschheit. Denn alles, was wir in der geistigen Welt lieben können, die geistigen Tatsachen, alles das, was in uns durch Liebe als Sehnsucht, als Drang hinauf in die geistige Welt leben kann, zu umfassen die Wesenheiten der geistigen Welt, die geistige Welt zu erkennen: Es entspringt natürlich auch der sinnlichen Liebe zur geistigen Welt. Aber diese Liebe zum Geistigen, die muss, nicht etwa darf, sondern *muss* notwendigerweise um unseretwillen geschehen. Wir sind Wesen, die ihre Wurzeln in der geistigen Welt haben. Es ist unsere Pflicht, uns so vollkommen als möglich zu gestalten. Um unseretwillen müssen wir die geistige Welt lieben, dass wir so viel Kräfte als möglich in unsere eigene Wesenheit aus der geistigen Welt hereinbringen. In der geistigen Liebe ist dieses persönliche, individuelle Element, man möchte sagen dieses egoistische Liebeselement, voll berechtigt, denn es entreißt den Menschen der Sinneswelt, es führt ihn hinauf in die geistige Welt, es leitet ihn an, die notwendige Pflicht zu erfüllen, sich immer vollkommener und vollkommener zu machen.

Liebe als Maske für Egoismus

Denn Liebe kann oftmals die Maske sein für den allerstärksten Egoismus. Wenn man sich besonders wollüstig etwas darauf zugutetut, dieses oder jenes zu tun, fälscht man oft das, was man tut und was einem eigentlich Wollust bereitet, in Liebe um; und man entschuldigt sich wiederum vor dem, was man eigentlich niemals gestehen würde, was in den Tiefen des Unterbewusstseins bleibt.

Liebe als Erhöhung der Egoität

Der Mensch hat nämlich nicht bloß die Möglichkeit, in Liebe zu etwas hinzuneigen, sondern die Liebe ist zu gleicher Zeit etwas, was dem Menschen auch subjektiv wohltut. Es ist durchaus im Liebeserlebnis auch geistigster Art immer eine Erhöhung der Egoität gegeben, und dieses Sichhingeben in Liebe in einer bloß abstrakten, wenn auch seelisch-abstrakten Form, das ist etwas, was sehr stark zum Egoismus hinbringt, und das lebt sich ja in unserer Zeit darin aus, dass eigentlich gar nicht mehr in den Menschen stark das objektive Verantwortlichkeitsgefühl vorhanden ist, sondern sehr stark die Menschen neigen zum bloßen subjektiven Verantwortlichkeitsgefühl.

Sexualität und Liebe

Das Schlimmste, was geleistet wird heute, ist das Zusammenwerfen von Liebe und Sexualität. Das ist der schlimmste Ausdruck des Materialismus, das Teuflischste der Gegenwart. Die Dinge, die auf diesem Gebiet geleistet werden, sie werden erst herausgeschält werden müssen. Sexualität und Liebe haben gar nichts miteinander zu schaffen in ihrer wahren Bedeutung. Sexualität kann zur Liebe hinzukommen, hat aber mit der reinen, ursprünglichen Liebe überhaupt nichts zu tun. Die Wissenschaft hat es bis zur Schändlichkeit gebracht, indem sie eine ganze Literatur aufbrachte, die sich damit beschäftigt, diese beiden Dinge in Zusammenhang zu bringen, die gar nicht im Zusammenhang stehen.

Zwischen unpersönlicher und überpersönlicher Liebe

Erforderlich ist die Höherentwicklung der Persönlichkeit. Eine unpersönliche Liebe, welche der Schwäche entspringt, wird immer auch mit Leid verknüpft sein. Die überpersönliche Liebe erwächst aus Stärke und gründet sich auf Erkenntnis des anderen. Sie kann ein Quell von Freude und Befriedigung werden. Ein Hinundherpendeln zwischen allen möglichen Stimmungen der Liebe ist immer ein Zeichen dafür, dass diese Liebe ein maskierter Egoismus ist und einer verarmten Persönlichkeit entstammt. So können wir uns am besten an der Liebe den Unterschied zwischen unpersönlich und überpersönlich klarmachen.

Liebe als Seelenarmut

Manche Liebe entspringt häufig nur aus Seelenarmut, und Seelenarmut entspringt immer einem verstärkten Egoismus. Und wenn jemand behauptet, dass er ohne einen anderen nicht leben könne, so ist seine eigene Persönlichkeit verarmt, und er sucht nach etwas, das ihn ausfüllt. Er verhüllt das Ganze darin, dass er sagt: Ich werde unpersönlich, ich liebe den anderen.

Liebe kann antisozial sein

Man muss einfach sagen: Wie sollen die Menschen zu irgendeiner sozialen Struktur ihres Zusammenlebens kommen, wenn sie sich nicht aufklären wollen, wie viel Selbstsucht in der sogenannten Liebe, in der Nächstenliebe zum Beispiel verkörpert ist. So kann die Liebe gerade ein ungeheuer starker Impuls zum antisozialen Leben sein. Man kann sagen: So wie der Mensch ist, wenn er nicht an sich arbeitet, wenn er sich nicht durch Selbstzucht in die Hand nimmt, so ist er als liebendes Wesen unter allen Umständen ein antisoziales Wesen. Die Liebe als solche, wie sie an der menschlichen Natur haftet, ohne dass der Mensch Selbstzucht übt, ist von vornherein antisozial, denn sie ist ausschließend.

Liebe und Selbstsucht

Die menschliche Natur hat in sich ebenso das Element der selbstlosen Hingabe wie der rücksichtslosen Selbstsucht. Die Liebe, von der Goethe sagt: «Kein Eigennutz, kein Eigenwille dauert, / Vor ihrem Kommen sind sie weggeschauert. – Wir heißen's: fromm sein!», diese Liebe hat ihren schweren Kampf zu führen gegen die Selbstsucht, die sich auch die Liebe aneignet, gemäß den Worten Max Stirners: «Ich liebe die Menschen, weil die Liebe mich glücklich macht.» Ich liebe, weil ich mich durch das Lieben wohl befinde. Dem Guten folgt im Menschenleben wie eine notwendige Ergänzung das Böse. Balder,* die alles umschlingende Liebe, die Sonne des Daseins, kann nicht sein ohne Loki,** die Selbstsucht, die Finsternis. Das Leben muss in Gegensätzen verlaufen.

Liebe durch abgedämpftes Selbstgefühl

Es ist dem menschlichen Bewusstsein innerhalb der Sinneswelt wesentlich, dass das Selbstgefühl der Seele (ihr Ich-Erleben), trotzdem es vorhanden sein muss, abgedämpft ist. Dadurch hat die Seele die Möglichkeit, innerhalb der Sinneswelt die Schulung für die edelste sittliche Kraft, für das *Mitgefühl* zu erleben. Ragte das starke Ich-Gefühl in die bewussten Erlebnisse der Seele innerhalb der Sinneswelt hinein, so könnten sich die sittlichen Triebe und Vorstellungen nicht in der richtigen Weise entwickeln. Sie könnten nicht die Frucht der *Liebe* hervorbringen. Die Hingabe, dieser naturgemäße Trieb der elementarischen Welt, ist nicht dem gleich zu achten, was man im menschlichen Erleben als Liebe bezeichnet. Die elementarische Hingabe beruht auf einem *Sich*-Erleben in dem anderen Wesen oder Vorgang; die *Liebe* ist ein Erleben des andern in der eigenen Seele. Um dies Erleben zur Entfaltung zu bringen, muss in der Seele über das in ihren Tiefen vorhandene Selbstgefühl (Ich-Erlebnis) gewissermaßen ein Schleier gezogen sein; und in der Seele, welche

---

* Balder bzw. Baldur und Loki sind mythologische Figuren der nordischen Götterwelt.

in Bezug auf ihre eigenen Kräfte abgedämpft ist, ersteht dadurch das In-sich-Fühlen der Leiden und Freuden des anderen Wesens; es erkeimt die Liebe, aus der echte Sittlichkeit im Menschenleben erwächst. Die Liebe ist für den Menschen die bedeutsamste Frucht des Erlebens in der Sinneswelt. Durchdringt man das Wesen der Liebe, des Mitgefühls, so findet man in diesen die Art, wie das Geistige in der Sinneswelt sich in seiner Wahrheit auslebt.

Lieben heißt verstehen

Zu fragen aber hat die Menschheit: Was haben wir zu suchen in den geistigen Welten, damit wir wieder finden können dasjenige, was verloren ist: die Liebe, welche durch alle Wesen wärmend wallt und lebt, aber Liebe nur ist, wenn sie herausquillt aus dem lebendigen Verständnis des Seins. Denn lieben ein Wesen heißt, dieses Wesen verstehen. Lieben heißt nicht, sein Herz mit egoistischer Wärme so zu erfüllen, dass der Mund in sentimentalen Reden übersprudelt; lieben heißt, die Wesen, an denen man Taten tun soll, so in sein Auge fassen zu können, dass man sie bis ins Innerste hinein versteht, versteht nicht nur mit dem Intellekt, versteht mit dem ganzen Wesen seines menschlichen Seins.

Selbstlose Liebe: Der Mensch liebt um des andern willen

Die schönste, selbstlose Liebe äußert sich darin, dass man den anderen nicht braucht, dass man ihn auch entbehren kann. Der Mensch liebt dann nicht um seiner selbst, sondern um des anderen willen. Er verliert dann auch nichts, wenn er von dem anderen verlassen wird. Dazu ist freilich nötig, dass man den Wert eines Menschen durchschauen kann, und das lernt man nur, wenn man sich in die Welt vertieft.

Liebe entsteht aus Individualismus

Diese Liebe, die auf der Erde sich entwickeln soll, kann nur dadurch sich entwickeln ..., dass die Wesen in ihrer Gruppenseelenhaftigkeit auseinandergerissen wurden und Wesen dem Wesen gegenübertrat, nur so konnte die wahre Liebe sich entwickeln. Wo die Iche in der Gruppenseele miteinander verbunden sind, da ist nicht die richtige Liebe. Getrennt muss das Wesen vom Wesen sein und die Liebe darbieten als freie Gabe. Erst durch die Spaltung der Wesen, wie sie im Menschenreiche eingetreten ist, wo Ich dem Ich als selbständige Einzelheit gegenübertritt, erst da ist die Liebe als freie Gabe von Ich zu Ich möglich geworden. So musste auf Erden ein immer mehr zunehmender Individualismus eintreten und ein Zusammenführen der einzelnen Wesenheiten. Denken wir uns die einzelnen Wesenheiten, die in einer Gruppenseele miteinander verbunden sind; die Gruppenseele dirigiert sie, wie sie sich verhalten sollen. Kann irgendjemand sagen, dass das Herz den Magen liebt? Nein, das Herz ist mit dem Magen verbunden durch die innere Wesenheit, die sie zusammenhält. So sind auch die Tiergruppen miteinander verbunden in der Gruppenseelenhaftigkeit, und was sie zu tun haben, wird ihnen angeordnet von der weisheitsvollen Gruppenseele. Erst wenn diese Gruppenhaftigkeit überwunden wird, wenn das einzelne Ich dem einzelnen Ich gegenübertritt, da kann die Sympathie der Liebe als freie Gabe von Wesen zu Wesen dargeboten werden.

Liebe als freie Gabe

Keine Liebe ist vollkommen, die hervorgeht aus Zwang, aus dem Zusammengekettetsein. Einzig und allein dann, wenn jedes Ich so frei und selbständig ist, dass es auch nicht lieben kann, ist seine Liebe eine völlig freie Gabe. Das ist sozusagen der göttliche Weltenplan, dieses Ich so selbständig zu machen, dass es aus Freiheit selbst dem Gott die Liebe als ein individuelles Wesen entgegenbringen kann. Es würde heißen, die Menschen an Fäden der Abhängigkeit führen, wenn sie irgendwie zur Liebe, wenn auch nur im entferntesten, gezwungen werden könnten.

Liebe in Michael-Gesinnung

Michael geht mit allem Ernste seines Wesens, seiner Haltung, seines Handelns in Liebe durch die Welt. Wer sich an ihn hält, der pfleget *im Verhältnis zur Außenwelt der Liebe*. Und Liebe muss im Verhältnis zur Außenwelt sich zunächst entfalten, sonst wird sie Selbstliebe.

Ist dann diese Liebe in der Michael-Gesinnung da, dann wird *Liebe zum andern* auch zurückstrahlen können ins eigene Selbst. Dieses wird lieben können, ohne sich selbst zu lieben. Und auf den Wegen solcher Liebe ist Christus durch die Menschenseele zu finden.

Wer sich an Michael hält, der pfleget im Verhältnis zur Außenwelt der Liebe, und er findet dadurch *das* Verhältnis zur Innenwelt seiner Seele, das ihn mit Christus zusammenführt.

Das Ich muss sich aufrechterhalten

In die Liebe muss sich etwas ergießen, was vom menschlichen Selbste einem Unbekannten gegenüber ausstrahlt, damit in keinem Augenblicke die Aufrechterhaltung des Ich fehlt. Das Ich muss hinein wollen in alles, was Gegenstand seiner Andacht werden soll; und es muss sich aufrechterhalten wollen gegenüber all dem, was in Liebe umfasst werden soll, gegenüber dem Unbekannten, dem Übersinnlichen, gegenüber dem Außenstehenden. Was wird im besonderen Liebe dann, wenn das Ich sich nicht aufrechterhält bis zu der Grenze, wo wir das Unbekannte antreffen, wenn es das Unbekannte nicht von dem Lichte des Gedankens und von dem Lichte des vernünftigen Urteils durchstrahlen lassen will? Eine solche Liebe wird zu dem, was man Schwärmerei nennt.

Der Schlaf ermöglicht die Fähigkeit der Liebe

Niemals würden wir die Fähigkeit haben, in der Liebe aufzugehen in einem anderen Wesen oder einem anderen Vorgang, gewissermaßen hinüberzugehen in diesen anderen Vorgang, wenn nicht das Ich auch allnächtlich aus uns real herausgehen würde, um in die Dinge und Vorgänge des Kosmos draußen unterzutauchen. Da taucht es in Wirklichkeit unter. Indem es in uns hineinschlüpft im tagwachenden Bewusstsein, erteilt es uns durch die Fähigkeit, die es draußen erlangt hat, innerlich die Kraft zu lieben. Dies ist es, was als dreifache Kraft der Seele in ihrem tiefsten Inneren auftaucht: Freiheit, Erinnerungsleben, Liebeskraft.

Durch Christus kam Liebe in das menschliche Herz

Die dreijährige Anwesenheit des Christus auf der Erde – von der Johannes-Taufe bis zum Mysterium von Golgatha – war die Ursache dazu, dass sich auf der Erde hinfort die Liebe immer mehr und mehr in das menschliche Herz, in die menschliche Seele ergießen wird, in das menschliche Ich mit anderen Worten; sodass die Menschen immer mehr und mehr von dem Christus durchzogen sein werden, damit am Ende der Erdenentwicklung das Ich des Menschen ganz ein Christus-Erfülltes sein wird.

LIEBE, WEISHEIT UND ERKENNTNIS

Liebe kann zur Erkenntniskraft werden

Eine ... menschliche Kraft, die für das Leben im eminentesten Sinne notwendig ist, die wiederum ebenso wenig durchbrochen werden darf für dieses gewöhnliche Leben, wie die Gedächtnis- oder Erinnerungskraft, ist die Kraft der Liebe. Nun, Sie wissen alle, wie im gewöhnlichen Leben diese Kraft der Liebe gebunden ist an den menschlichen Organismus. Sie wird ja in der Art, wie sie für das soziale Leben ihre besondere Bedeutung hat, in einem besonderen Lebensalter erst geboren, nämlich wenn der Mensch geschlechtsreif wird, vorher ist sie nur eine Art Vorbereitung – aber diese Liebe ist nur ein Spezialfall dessen, was wir «Liebe» im Allgemeinen nennen. So wie die Geschlechtsliebe gebunden ist an den menschlichen Organismus, so ist zunächst auch die Liebe im gewöhnlichen Sinne gebunden an den Organismus. So wie aber losgerissen werden kann die Erkenntnis im Zerbrechen des Gedächtnisses, so kann die Liebe freigemacht werden von dem menschlichen Organismus, wenn sie durch besondere Methodik geistig-seelisch ausgebildet wird. Man muss dann nur nicht alles Mögliche im trivialen Sinne «platonische Liebe» nennen, was auch nichts anderes ist als irgendein Dampf aus dem Organismus heraus – sondern es muss diese Liebe im höheren Sinne ausgebildet werden durch menschliche Selbstzucht, wiederum durch Übungen, wie sie angegeben werden in den genannten Schriften. Es kann diese Liebe, die im gewöhnlichen Leben keine Erkenntniskraft ist, ausgebildet werden, sodass sie sich umgestaltet zu der Erkenntniskraft wahrer Intuition. Wenn wir dasjenige, dem wir uns sonst nur hingeben im Leben, was uns eigentlich im Leben erzieht, in Selbstzucht in die Hand nehmen, wenn wir gewissermaßen immer mehr und mehr der eigene Begleiter unserer Selbsterziehung in streng methodischer Weise werden, dann gelangen wir dazu, die Liebe zu einer freien Kraft im menschlichen Wesen, in der menschlichen Organisation zu machen, und dann wird sie eine Erkenntniskraft.

Liebe und Weisheit gehören zusammen

Die Liebe vollführt die größten Taten, wenn sie von Weisheit durchflossen ist. Das aber war gerade die Bedeutung jener Liebe, die von Golgatha geflossen ist in die Welt, dass sie in einem Wesen vereint ist mit dem Licht der Welt, mit der Weisheit. Daher ist das Hinblicken auf den Christus Jesus, wenn wir die beiden Eigenschaften betrachten so, dass wir erkennen, dass die Liebe das Höchste ist in der Welt, aber zu gleicher Zeit erkennen, wie Liebe und Weisheit im tiefsten Sinne zusammengehören.

Weisheit lässt Liebe ausströmen

Weisheit durchwärmt die menschliche Seele, lässt die Liebe ausströmen; darum ist es nicht wunderbar, wenn solche Weise durch Handauflegen heilen konnten. Die Weisheit strömt Liebeskraft in die Glieder. Weil Christus der Weiseste war, war er auch der beste Heiler, strömte die Liebe und das Mitleid von ihm aus, was allein helfen kann.

Liebe gehört zur Erde

Wie sich die Liebe nach und nach hier auf der Erde entwickelt, so hat sich die Weisheit, die wir überall rings um uns herum finden, auf dem Monde entwickelt.

Luzifer und die Liebe

Da Luzifer kam, pflanzte er die menschliche Weisheit in die Liebe. Und die menschliche Weisheit schaut auf zur göttlichen Weisheit. Im Menschen ward die Weisheit zum Enthusiasmus, zur Liebe selbst. Hätte nur die Weisheit ihren Einfluss ausgeübt, so wäre der Mensch nur gut geworden, er hätte die Liebe nur zum Aufbau des Erdenbewusstseins gebraucht. Aber Luzifer brachte die Liebe mit dem Selbst in Verbindung, zum Selbstbewusstsein trat die Selbstliebe.

Liebe benötigt Weisheit

Wir können noch einen Fall erwähnen, der sich in der ersten Hälfte des 18. Jahrhunderts zugetragen hat und genau geprüft worden ist. Eine Mutter erzog ihr Töchterchen. Wohl hatte sie gesehen, wie dieses Töchterchen ganz klein anfing, Dinge zu entwenden, etwas zu stehlen. Aber sie konnte sich in ihrer Liebe, die ja eine vorzügliche Eigenschaft ist, nicht entschließen zu strafen. Das Töchterchen stahl ein-, zweimal, ein drittes Mal, und tat noch andere Sachen; und wenn man den Lebenslauf verfolgt, so sieht man, dass das Kind eine berühmte Giftmischerin wurde. Hier haben Sie die Liebe, die nicht geeint ist mit Weisheit. Die Liebe muss mit dem Lichte der Weisheit durchdrungen sein. Liebe kann sich erst richtig entfalten, wenn sie von Weisheit durchdrungen ist.

Ohne Liebe ist keine Menschenerkenntnis möglich

Nun stellt man sich gewöhnlich vor, dass das Allersubjektivste im Leben die Liebe ist, und von dem, der liebt, stellt man sich schon nicht vor, dass er irgendwie objektiv sein könnte. Daher wird heute nirgends, wo von Erkenntnis gesprochen wird, im Ernste von der Liebe gesprochen. Man denkt zwar, wer sich als junger Mensch Erkenntnis aneignen soll, der müsse ermahnt werden, dass er dies in Liebe tue. Das geschieht ja meistens dann, wenn die Art und Weise, wie man diese Erkenntnis an die Menschen heranbringt, gar nicht danach geeignet ist, dass man dafür Liebe entfalten könnte. Aber die Liebe selber, das Sich-Hingeben an die Welt und ihre Erscheinungen betrachtet man jedenfalls nicht als eine Erkenntnis. Für das Leben aber ist die Liebe die erste Erkenntniskraft. Und ohne diese Liebe ist es vor allen Dingen unmöglich, zu einer Menschenerkenntnis zu kommen, welche die Grundlage für eine wirkliche pädagogische Kunst sein könnte.

Spirituelle Perspektiven

Liebe als Spiegel

Die Liebe wird die Seele festigen,
Dass sie zum Spiegel werden kann,
Aus dem geschaut muss werden,
Was in der Geisteswelt geschieht.

Liebe macht nicht blind

Der Weg zum Herzen geht durch den Kopf. Davon macht auch die Liebe keine Ausnahme. Wenn sie nicht die bloße Äußerung des Geschlechtstriebes ist, dann beruht sie auf den Vorstellungen, die wir uns von dem geliebten Wesen machen. Und je idealistischer diese Vorstellungen sind, desto beseligender ist die Liebe. Auch hier ist der Gedanke der Vater des Gefühles. Man sagt: Die Liebe mache blind für die Schwächen des geliebten Wesens. Die Sache kann auch umgekehrt angefasst werden und behauptet: Die Liebe öffne gerade für dessen Vorzüge das Auge. Viele gehen ahnungslos an diesen Vorzügen vorbei, ohne sie zu bemerken. Der eine sieht sie, und eben deswegen erwacht die Liebe in seiner Seele. Was hat er anderes getan: als von dem sich eine Vorstellung gemacht, wovon hundert andere keine haben. Sie haben die Liebe nicht, weil ihnen die *Vorstellung* mangelt.

Liebe macht sehend

Blind sind für des Weibes Schwächen eines
                          Liebenden Augen.
So der Spruch! Mir wollt er nie recht taugen;
Sehend scheint mir nur ein liebend Organ,
Weil nur dies des Weibes Tugend erkennen kann.

Liebe ist ein unergründliches Rätsel

Nehmen wir an, jemand bilde sich die Vorstellung, er habe zwei Gläser vor sich, ein leeres Glas und ein teilweise mit Wasser gefülltes. Nun schütte er das Wasser aus dem gefüllten Glase in das leere hinein und stelle sich vor, dadurch, dass er das Wasser aus dem gefüllten Glase in das leere gießt, würde das gefüllte Glas nicht, wie es in der Außenwelt geschieht, immer leerer und leerer, sondern immer voller und voller. Das ist wohl zunächst eine paradoxe Vorstellung, aber diese Vorstellung soll ein Sinnbild sein, und dass sie Sinnbild ist, soll im Bewusstsein des geistigen Forschers leben. Sie soll gleichsam sinnbildlich für unsere Seele die Natur und das Wesen menschlicher Liebe charakterisieren. Mit der menschlichen Liebe und mit alledem, was überhaupt unter die Idee der Liebe fällt, ist es gewiss so, dass diese Quelle der Liebe so unendlich tief und so unendlich reichhaltig ist, dass, wenn wir uns der Tatsache der Liebe in der Welt gegenübergestellt sehen, wir bescheiden jederzeit zugestehen müssen: Dieses Rätsel der Liebe ist in seiner wahren Wesenheit ganz gewiss für jede Seele unergründlich.

Weisheit und Liebe im Tun

Den Sinn der Welt verwirklicht die von Weisheit erleuchtete und von Liebe durchwärmte Tat des Menschen.

In der Liebe die Weisheit entzünden

> Entwicklung des Menschen ist:
> Entzünden im Seelenfeuer der Liebe
> Die leuchtende Weisheit des Geistes.

Die von Erkenntnis durchleuchtete Liebe

Nicht die abstrakte Liebe, nicht diejenige Liebe, die bloß von Liebe redet und bloß so weit sieht, wie ihre Nase geht, sondern nur die von Erkenntnis durchleuchtete Liebe kann eine Besserung der Verhältnisse der Menschen herbeiführen.

Liebe und imaginative Welt

Wer wollte denn leugnen, dass Unzähliges im sittlichen Leben aus den verschiedenen Stufen der Liebe – von den untersten Stufen der Liebe an bis zu den höchsten Stufen, bis zur spinozistischen Liebe, der «Amor Dei intellectualis» hin – vorgeht? Alles was unter dem Impuls der Liebe geschieht, was wir zum Gebiet des Sittlichen rechnen, wie finden wir es in der imaginativen Welt? So finden wir es, dass wir alles, was unter diesem Impulse entsteht, uns vertraut finden, sodass wir sagen können: Wir können mit dem, was unter dem Impulse der Liebe entsteht, in der geistigen Welt leben. Man fühlt sich mit einem solchen, das aus Liebesfähigkeit entspringt, heimisch in der geistigen Welt. Das ist das Wesentliche, was einem erscheint, sobald man in die imaginative Welt eintritt.

Liebe zu den Toten

Wenn wir eine wirklich selbstlose Liebe aufbringen und bewahren können, die wir einem Toten entgegenbringen, dann kommt die Strömung, der gleichsam geistige Blick, der von einer solchen Persönlichkeit ausgeht, wie warme Milde über unsere Seele, und die warme Milde gießt sich in dasjenige, was wir denken, in dasjenige, was wir vorstellen, fühlen und wollen. Und in diesem Fühlen erkennt man die verstorbene Persönlichkeit, nicht an der unmittelbaren Gestalt, denn sie kann eine Gestalt annehmen, die uns gerade naheliegt und sich durch diese naheliegende Gestalt ausdrückt.

Die Liebe beim Tier

Die Tiere werden durchzogen von Strömungen, die um die ganze Erde gehen in allen Richtungen in unendlicher Zahl, wie die Passatwinde, und welche auf die Tiere wirken, indem sie das Rückenmark umströmen. Diese Tiergruppenseelen sind fortwährend in kreisförmiger Bewegung in jeder Höhe und Richtung um die Erde begriffen. Diese Gruppenseelen sind sehr weise, aber es fehlt ihnen eines, was sie noch nicht haben: Sie kennen nicht die Liebe, was auf der Erde so genannt wird. Liebe ist nur beim Menschen mit der Weisheit in der Individualität verbunden.

Die Gruppenseele ist weise, aber das einzelne Tier hat die Liebe als Geschlechtsliebe und Elternliebe. Die Liebe ist im Tiere individuell, aber die weise Einrichtung, die Weisheit des Gruppen-Ich ist noch liebeleer. Der Mensch hat Liebe und Weisheit vereint; das Tier hat im physischen Leben die Liebe und auf dem astralischen Plan hat es die Weisheit. Bei solchen Erkenntnissen werden den Menschen ungeheuer viele Lichter aufgehen.

Gott ist Liebe

Der einzige Weg, der zu Gott wirklich führt, der das Geschöpf mit dem Schöpfer verbindet, ist der Weg der Liebe, die vom Menschen frei dem Gotte entgegengebrachte Liebe, welche nichts anderes ist als das allmenschliche Verständnis der von Gott dem Menschen entgegengebrachten Liebe. Das ist dasjenige, was nun wirklich uns nicht an einen Abgrund führt, sondern was uns dahin führt, einen Weg zu Gott zu finden, sodass wir nicht irgendein Bild aufsuchen müssen, wenn die Rede ist davon, dass Gott in der Liebe lebt, sondern dass wir uns das durchaus als eine Realität vor die Seele zu stellen haben. Ich spreche damit wiederum nicht etwas Individuelles aus, sondern etwas, was eben, wie gesagt, Mysterienweisheit aller Zeiten ist, möge es nun so oder so herausgeholt werden aus dem Anfange aller Erkenntnis, darauf kommt es in diesem Augenblick nicht an. Es kommt darauf an, dass diese Erkenntnis: Gott ist die Liebe –, oder: Gott lebt in der Liebe – gemeinsame Mysterienweisheit aller Zeiten ist.

Von der Aufmerksamkeit zur Erkenntniskraft

Zwischen der Aufmerksamkeit und der Liebe kann eine gerade Linie gezogen werden, an deren Beginn die Aufmerksamkeit liegt, an deren weiterem Verfolg die Liebe liegt. Denn diese Liebe ist nichts anderes als eine höchst gesteigerte Aufmerksamkeit, ein völliges Hingeben an den geliebten Gegenstand. Gewiss, man wird als Dilettant verschrien, wenn man sagt: Wenn man besonders dasjenige ausbildet, was sonst unbewusst, instinktiv von der Aufmerksamkeit auf einen Menschen oder auf einen Gegenstand zur Liebe wird, und wenn das durch Willkür wiederum in eine Seelenverfassung, die von einem solchen inneren Bewusstseinslicht durchzogen ist, wie sonst nur das mathematische Leben, wenn das so ausgebildet wird, dann ist Liebe nicht bloß eine Fähigkeit des gewöhnlichen Lebens, eine Eigenschaft und Zierde des gewöhnlichen Lebens, dann wird sie eine Erkenntniskraft, eine solche Erkenntniskraft, durch die man wirklich ins Objekt hinüber sich leben kann. Das aber ist notwendig, wenn wir die geistigen Inhalte, die geistigen Vorgänge der Welt erleben wollen. Da müssen wir die Liebe, die sonst nur dem äußeren Sinnesobjekt gegenüber auftritt, so ausbilden, dass sie zur Erkenntniskraft wird, dass die Seele wirklich sich voll hingeben kann an die Objekte, denn die geistige Welt verlangt, wenn sie sich enthüllen, wenn sie sich offenbaren soll, dass man sich so an die Objekte hingeben kann.

Liebe beeinflusst den Unterricht

Aus der Liebe, die der Lehrer und die Lehrerin bei den Schülern entfalten werden, wird in den Schülern dasjenige entspringen, dasjenige erquellen, was ihnen Kraft geben wird, leichter den Lehrstoff aufzunehmen. Denn aus der rechten Liebe – nicht aus der äffigen Liebe –, sondern aus der echten Liebe, die dasjenige durchdringt, was wir im Schulzimmer oder sonst beim Lehren und Unterrichten und Erziehen machen, aus dieser echten Liebe kommt es, ob der Unterricht dem Kinde leicht oder schwer wird, ob das Erziehen für das Kind gut oder schlecht ist.

Die Liebe des Lehrers und der Lehrerin zum Kind

Denselben Grad von Liebe, wenn auch vielleicht in einer etwas anderen Art, wie sie die Eltern für die Kinder haben, der Mann für die geliebte Frau, die Frau für den geliebten Mann –, dieselbe Liebe, ebenso intensiv muss sie der Lehrer oder die Lehrerin für die Kinder unbedingt haben; mehr ins Seelische, mehr ins Geistige übersetzt, aber sie muss da sein. Diese Liebe hat man nicht angeboren, sondern die muss man aus etwas ganz anderem heraus haben. Man muss sie aus einer Wissenschaft, aus einer Erkenntnis haben; aber aus einer Wissenschaft, die nicht so trocken, nicht so abstrakt ist, wie heute die Naturwissenschaft oder irgendeine andere Wissenschaft, wie überhaupt das ganze wissenschaftliche Leben ist, das von seiner Trockenheit, seiner Nüchternheit auf die Pädagogik abfärbt. Diese Liebe kann man nur aus einer Wissenschaft heraus haben, die wirklich vom Geiste handelt, die den Geist offenbart. Denn wo eine Wissenschaft den Geist gibt, da gibt sie auch Liebe.

Seelischer Idealismus heizt die Liebe an

Wer anerzogenen Idealismus in sich entwickelt, der hat auch Liebe für die Menschen. Predigen Sie, wie viel Sie wollen von den Kanzeln, die Menschen sollen sich lieben. Sie reden wie zum Ofen. Wenn Sie ihm gut zureden, er wird doch nicht das Zimmer heizen, er wird das Zimmer heizen, wenn Sie Kohle hineintun. Sie brauchen ihm dann gar nicht zuzureden, dass es seine Ofenpflicht ist, das Zimmer zu wärmen. So können Sie der Menschheit immer predigen: Liebe und Liebe und Liebe. Das ist eine bloße Rederei, das ist ein bloßes Wort. Arbeiten Sie dahin, dass die Menschen in Bezug auf den Idealismus eine Wiedergeburt erleben, dass sie neben dem Blutidealismus einen seelisch anerzogenen Idealismus haben, der durchhält durch das Leben, dann heizen Sie auch in der Seele des Menschen Menschenliebe. Denn so viel Sie an Idealismus sich selber anziehen, so viel führt Sie Ihre Seele von Ihrem Egoismus hinaus zu einem selbständigen Gefühlsinteresse für die anderen Menschen.

Erinnerung und Liebe bilden Ton und Laut

Wenn man immer vergessen würde das, was im Laut oder im Ton liegt, so würde man natürlich niemals sprechen oder singen können. Es ist geradezu die verkörperte Erinnerung, die im Ton oder im Laute liegt, auf der einen Seite. Auf der anderen Seite: Welchen Anteil die Liebe, auch im physiologischen Sinne, an dem hat, was im Atmungsprozess zum Sprechen und Singen wird, dafür ist Ihnen ja ein deutliches Zeugnis, dass nun in der zweiten wichtigen Epoche des Lebens, wenn also die Liebe physiologisch zum Ausdruck kommt, beim männlichen Geschlechte sogar erst die volle innere Fülle des Tones auftritt; das kommt von unten. Da haben Sie die beiden Elemente zusammen. Von oben dasjenige, was physiologisch der Erinnerung zugrunde liegt, und von unten dasjenige, was physiologisch der Liebe zugrunde liegt: Das bildet den Sprach- und Gesangston. Da haben Sie das wechselweise Zusammenwirken. Es ist gewissermaßen auch ein Atmungsprozess, der durch das ganze Leben hindurchgeht. Wie wir den Sauerstoff einatmen und die Kohlensäure ausatmen, so verbindet sich in uns die Kraft der Erinnerung mit der Kraft der Liebe, begegnet sich in der Sprache, begegnet sich im Ton. Und wir können sagen: Sprechen und Singen sind beim Menschen ein wechselseitiges Sich-Durchdringen von der Kraft der Erinnerung mit der Kraft der Liebe. In dem liegt außerordentlich Bedeutsames für die Enthüllung des eigentlichen Ton- und Lautgeheimnisses.

Erkenntnis, Kunst, Religion und Liebe

Es gibt vier Sphären menschlicher Tätigkeit, in denen der Mensch sich voll hingibt an den Geist mit Ertötung alles Eigenlebens: die Erkenntnis, die Kunst, die Religion und die liebevolle Hingabe an eine Persönlichkeit im Geiste. Wer nicht wenigstens in einer dieser vier Sphären lebt, lebt überhaupt nicht. *Erkenntnis* ist Hingabe an das Universum in Gedanken, *Kunst* in der Anschauung, *Religion* im Gemüte, *Liebe* mit der Summe aller Geisteskräfte an etwas, was uns als ein für uns schätzenswertes Wesen des Weltganzen erscheint. Erkenntnis ist die geistigste, Liebe die schönste Form selbstloser Hingabe. Denn Liebe ist ein wahrhaftes Himmelslicht in dem Leben der Alltäglichkeit. Fromme, wahrhaft geistige Liebe veredelt unser Sein bis in seine innerste Faser, sie erhöht alles, was in uns lebt. Diese reine fromme Liebe verwandelt das ganze Seelenleben in ein anderes, das zum Weltgeiste Verwandtschaft hat. In diesem höchsten Sinne lieben, heißt den Hauch des Gotteslebens dahin tragen, wo zumeist nur der verabscheuungswürdigste Egoismus und die achtungslose Leidenschaft zu finden ist. Man muss etwas wissen von der Heiligkeit der Liebe, dann erst kann man von Frommsein sprechen.

Liebe, Hass und Urteil

Es wogt innerhalb des Meeres des Seelenlebens, substanziell möchte man sagen, seelisch substanziell dasjenige, was mit Liebe und Hass, was mit Urteilen bezeichnet werden darf. Wenn das Urteilen sich innerhalb des Seelenlebens selber zur Vorstellung zuspitzt, dann merkt das Seelenleben diese Zuspitzung, die ganze Tätigkeit des Urteilens, und sieht zuletzt die Vorstellung als Ergebnis.

Liebe und Hass als Begleiter der Seele

Wenn Sie eine Blume auf dem Felde treffen, die übel riecht, und sich von ihr abwenden, so ist das nur ein etwas verändertes Erlebnis des Hasses, das nicht gleich zutage tritt. Liebe und Hass begleiten das Seelenleben fortwährend. Urteilen ist ebenso etwas, was das Seelenleben nach der einen Seite hin fortdauernd begleitet. Fortdauernd urteilen Sie, während Sie seelisch leben, fortwährend haben Sie die Erlebnisse von Liebe und Hass.

Liebe zwischen Allmacht und Allweisheit

Von Allmacht, Allstärke können wir reden wie von einem Ideal; aber ihr steht gegenüber Ahriman. Von Allweisheit kann man sprechen wie von einem Ideal; aber ihr gegenüber steht die Kraft des Luzifer. «All-Liebe» zu sagen, erscheint absurd, denn sie ist keiner Steigerung fähig, wenn wir sie richtig üben. Weisheit kann klein sein – sie kann vergrößert werden; Macht kann klein sein – sie kann vergrößert werden. Daher kann als Ideal gelten Allweisheit und Allmacht. Weltenliebe – wir fühlen, dass der Begriff der All-Liebe von ihr ausgeschlossen sein muss; denn Liebe ist etwas Einziges.

Liebe unterstützt das Heilen

Die Idee zu haben von einem Heilmittel, das wirkt, aber es wirkt nur solange, als Sie furchtlos sind. Furcht ist nämlich der entgegengesetzte Pol der Liebe. Gehen Sie in eine Krankenstube mit Furcht, so hilft die ganze Therapie, die Sie angestellt haben, nichts. Gehen Sie hinein mit Liebe, können Sie von sich absehen, ja, können Sie die ganze Seele hinwenden auf diejenigen, die Sie zu heilen haben, können Sie in Liebe leben in Ihrer imaginativen, inspirierten Erkenntnis, dann, sehen Sie, werden Sie sich nicht einfach als diese persönliche Qualität, nicht als diese furchttragende Persönlichkeit des Erkennenden, sondern als die liebetragende Persönlichkeit des Erkennenden hineinstellen in den Heilungsprozess, sodass also nicht nur von außen die Medizin in das Moralische hineingetrieben wird, sondern auch von innen.

Liebe als Balsam

Was ist verunreinigt durch das luziferische Element unserer Erde? – Die Liebe! Daher können wir nur durch Zuführung von Liebe wirkliche Hilfeleistung haben, damit das karmische Element sich in der entsprechend richtigen Weise abspielt. So haben wir letzten Endes bei allem, was in dieser Richtung zu Krankheitsursachen wird, in dem Element der Liebe, das beeinträchtigt worden ist im Seelischen durch den luziferischen Einfluss, etwas zu sehen, dem wir etwas zuführen müssen. Wir müssen Liebe einflößen, damit das, was als Liebestat einfließt, eine Hilfe sein kann. Diesen Charakter zugeführter Liebe haben alle diejenigen Heilungstaten, die sich mehr oder weniger auf das stützen, was man psychische Heilungsprozesse nennen kann. In irgendeiner Form hängt das, was bei psychischen Heilungsprozessen angewendet wird, zusammen mit der Zuführung von Liebe. Liebe ist es, was wir als Balsam dem andern Menschen einflößen. Auf Liebe muss es zuletzt zurückgeführt werden können. Und das kann es auch. Auf Liebe kann es zurückgeführt werden, wenn wir einfache psychische Faktoren in Bewegung setzen, wenn wir einen andern veranlassen, vielleicht auch nur sein herabgedrücktes Gemüt in Ordnung zu bringen. Das muss alles seinen Impuls in der Liebe haben, von einfachen Heilprozessen ausgehend bis zu dem, was heute oft in laienhafter Weise mit dem Namen «Magnetisieren» benannt wird.

MITLEID UND LIEBE

Der Bodhisattva von Liebe und Mitleid

Heute kann der Mensch sozusagen in sich gehen. Er kann, wenn dieses oder jenes geschieht draußen, in sich aufkeimen lassen das Gefühl von Mitleid und Liebe, und er weiß, dass das gut ist. Er kann die Grundsätze von Liebe und Mitleid in sich selber finden. Das war vor Zeiten nicht der Fall, sondern vor Zeiten wurde rein durch Suggestion von den dazu Beauftragten den Menschen eingeflößt, wie sie sich verhalten sollten. Die Menschen selber mussten geleitet werden. Es waren einzelne Leiter und Führer der Menschheit, die hinwiesen, wie sich die Menschen zu verhalten haben. Eingegeben wurde es von den Führern der Menschheit, was als Taten der Liebe und des Mitleids zu geschehen hatte. Und diejenigen, welche so die Führer waren auf dem Gebiet der Liebe und des Mitleids, standen wiederum unter höheren Führern und alle zusammen unter einem Führer, den man den Bodhisattva von Liebe und Mitleid nennt. Der hatte die Mission, herunterzutragen die Lehre vom Mitleid und der Liebe. Aber dieser Bodhisattva, welcher der Führer war in Bezug auf Mitleid und Liebe, war nicht so wie ein gewöhnlicher inkarnierter Mensch, sondern so, dass nicht seine ganze Wesenheit in dem physischen Menschen aufging. Er hatte sozusagen eine Verbindungsbrücke hinauf zur geistigen Welt.

Mitleid und Liebe wurden einsuggeriert

So gibt es heute gewisse Wahrheitsbestände für den Menschen, die noch vor dreitausend Jahren nicht auffindbar gewesen wären, so zum Beispiel die Lehre vom Mitleid und von der Liebe. Heute belehrt uns eine innere Stimme über die Gesetze von Mitleid und Liebe. Damals hätte der Mensch vergeblich nach einer solchen Stimme gesucht. Da musste, um ein hässliches Wort zu gebrauchen, dem Menschen Mitleid und Liebe einsuggeriert werden.

Die Wesenheit, deren Aufgabe es während Jahrtausenden war, Mitleid und Liebe in die Menschen aus höheren, geistigen Regionen einfließen zu lassen, war jener Bodhisattva, der sich dann in Indien als Buddha inkarnierte. Als ein Mensch in der physischen Welt hätte er von Mitleid und Liebe nichts in sich gefunden. Durch ihre Einweihung ragten aber die Bodhisattvas in die geistigen Regionen empor, wo sie derartige Lehren wie diejenige von Mitleid und Liebe herunterholen konnten. Es kommt aber einmal der Moment, da die Menschheit reif geworden ist, das nunmehr selber zu finden, was ihr vorher eingeflößt worden war. So war es auch für Mitleid und Liebe.

Liebe und Mitleid durch Buddha

Diese Lehren des Buddha werden uns noch zu beschäftigen haben. Wir wollen uns heute damit begnügen, dass diese Lehren eine Umschreibung des moralischen Sinnes der reinsten Lehre vom Mitleid und von der Liebe sind. Damals sind sie aufgetreten, als unter dem Bodhibaume der Bodhisattva Indiens vom Bodhisattva zum Buddha wurde. Damals sind die Lehren vom Mitleid und der Liebe zum ersten Male in der Menschheit als eigene menschliche Fähigkeit aufgegangen, und seit jener Zeit sind die Menschen imstande, aus sich selbst heraus die Lehre vom Mitleid und der Liebe zu entwickeln. Das ist das Wesentliche. Deshalb sagte der Buddha zu seinen intimen Schülern noch kurze Zeit vor seinem Tode: «Trauert nicht darum, dass der Meister euch verlässt. Ich lasse euch etwas zurück. Ich lasse euch zurück das Gesetz der Weisheit und das Gesetz der Disziplin; die sollen euch künftig den Meister ersetzen.» – Das heißt nichts anderes als: Bisher hat euch der Bodhisattva gelehrt, was darinnen ausgedrückt ist; jetzt darf er, nachdem er seine Inkarnation auf der Erde erreicht hat, sich zurückziehen. Denn die Menschheit wird das, was ihr früher von einem Bodhisattva gelehrt worden ist, in das eigene Herz gesenkt haben und wird es aus dem eigenen Herzen heraus entwickeln können als die Religion vom Mitleid und der Liebe.

Liebe und Mitleid als Menschheitsethik

Der Buddha hatte die Aufgabe, im 5. bis 6. Jahrhundert vor unserer Zeitrechnung die Bewusstseinsseele hineinzutauchen in die menschliche Organisation. Er konnte aber als Einzelindividualität nicht die volle Aufgabe übernehmen, er konnte nicht alles tun, damit diese Bewusstseinsseele sich vom fünften Zeitraum ab richtig ausbildet. Er hatte nur einen Teil dieser Aufgabe als seine besondere Mission, nämlich die Aufgabe, der Menschheit die Lehre vom Mitleid und von der Liebe zu bringen. Andere Aufgaben oblagen anderen, ähnlichen Lehrern der Menschheit. Die in diesem Teil beschlossene Menschheitsethik, die Ethik der Liebe und des Mitleids, wurde angeschlagen von dem Buddha, und sie vibriert weiter fort.

Mitleid und Liebe als Mysterium

Was bedeutet es denn, wenn wir im gewöhnlichen Leben Mitleid und Liebe empfinden? Wenn man genauer nachdenkt über das Wesen von Mitleid und Liebe …, dann findet man, dass Mitleid und Liebe uns dahin bringen, von uns selber loszukommen und uns in das andere Wesen hinüberzuleben. Es ist eigentlich ein wunderbares Mysterium des Menschenlebens, dass wir imstande sind, Mitleid, Liebe zu empfinden. Und unter den gewöhnlichen Erscheinungen des normalen Bewusstseins gibt es wohl kaum etwas, was den Menschen so sehr überzeugen kann von der Göttlichkeit des Daseins als die Möglichkeit, dass er Liebe, dass er Mitleid entwickeln kann.

Liebe und Mitleid durch Christus

«Was ihr getan habt einem unter diesen meinen geringsten Brüdern, das habt ihr mir getan!» Da haben wir charakterisiert, wie das, was von Mensch zu Mensch geschieht, der Christus als die aufeinanderfolgenden einzelnen Atome seines eigenen Ätherleibes empfindet: Was an Liebe und Mitleid entwickelt wird, formt sich ein dem ätherischen Leibe des Christus. So wird er am Ziele der

Erdenentwicklung in dreifacher Weise umhüllt sein von dem, was in den Menschen gelebt hat und was, wenn sie über ihr Ich hinausgekommen sind, die Hülle des Christus geworden sein wird.

Mitleid und Liebe – ein Programm

Jedes Mal, wenn ein Gefühl des Mitleids oder der Mitfreude in der Seele entwickelt ist, so bildet das eine Anziehungskraft für den Christus-Impuls, und der Christus verbindet sich durch Mitleid und Liebe mit der Seele des Menschen. Mitleid und Liebe sind die Kräfte, aus denen der Christus sich seinen Ätherleib formt bis zum Ende der Erdenentwicklung. Mit Bezug auf Mitleid und Liebe könnte man geradezu von einem Programm sprechen – wenn man grob sprechen wollte –, das die Geisteswissenschaft erfüllen muss in der Zukunft.

QUELLENNACHWEISE

Erwähnte und zitierte Bände der Rudolf Steiner Gesamtausgabe (GA), Rudolf Steiner Verlag, Basel
(in Klammern: aktuelle Auflage):

- 4 *Die Philosophie der Freiheit* (1995)
- 13 *Die Geheimwissenschaft im Umriss* (1989)
- 14 *Vier Mysteriendramen* (1998)
- 17 *Die Schwelle der geistigen Welt* (2009)
- 26 *Anthroposophische Leitsätze* (1998)
- 32 *Gesammelte Aufsätze zur Literatur 1884–1902* (2004)
- 40 *Wahrspruchworte* (2005)
- 53 *Ursprung und Ziel des Menschen* (1981)
- 54 *Die Welträtsel und die Anthroposophie* (1983)
- 55 *Die Erkenntnis des Übersinnlichen in unserer Zeit und deren Bedeutung für das heutige Leben* (1983)
- 56 *Die Erkenntnis der Seele und des Geistes* (1985)
- 58 *Metamorphosen des Seelenlebens – Pfade der Seelenerlebnisse. Erster Teil* (1984)
- 62 *Ergebnisse der Geistesforschung* (1988)
- 63 *Geisteswissenschaft als Lebensgut* (1986)
- 65 *Aus dem mitteleuropäischen Geistesleben* (2000)
- 77a *Die Aufgabe der Anthroposophie gegenüber Wissenschaft und Leben. Darmstädter Hochschulkurs 1921* (1997)
- 84 *Was wollte das Goetheanum und was soll die Anthroposophie?* (1986)
- 88 *Über die astrale Welt und das Devachan* (1999)
- 94 *Kosmogonie* (2001)
- 96 *Ursprungsimpulse der Geisteswissenschaft* (1989)

Spirituelle Perspektiven

- 97 *Das christliche Mysterium* (1998)
- 98 *Natur- und Geistwesen – ihr Wirken in unserer sichtbaren Welt* (1996)
- 102 *Das Hereinwirken geistiger Wesenheiten in den Menschen* (2001)
- 103 *Das Johannes-Evangelium* (1995)
- 104 *Die Apokalypse des Johannes* (2006)
- 105 *Welt, Erde und Mensch* (1983)
- 107 *Geisteswissenschaftliche Menschenkunde* (2011)
- 108 *Die Beantwortung von Welt- und Lebensfragen durch Anthroposophie* (1986)
- 114 *Das Lukas-Evangelium* (2001)
- 115 *Anthroposophie – Psychosophie – Pneumatosophie* (2001)
- 116 *Der Christus-Impuls und die Entwicklung des Ich-Bewusstseins* (2006)
- 117 *Die tieferen Geheimnisse des Menschheitswerdens im Lichte der Evangelien* (1986)
- 119 *Makrokosmos und Mikrokosmos* (1988)
- 120 *Die Offenbarungen des Karma* (1992)
- 130 *Das esoterische Christentum und die geistige Führung der Menschheit* (1995)
- 133 *Der irdische und der kosmische Mensch* (1989)
- 136 *Die geistigen Wesenheiten in den Himmelskörpern und Naturreichen* (2009)
- 143 *Erfahrungen des Übersinnlichen.* (1994)
- 147 *Die Geheimnisse der Schwelle* (1997)
- 154 *Wie erwirbt man sich Verständnis für die geistige Welt?* (1985)
- 162 *Kunst- und Lebensfragen im Lichte der Geisteswissenschaft* (2000)
- 174b *Die geistigen Hintergründe des Ersten Weltkrieges* (1994)

Quellennachweise

- 178 *Individuelle Geistwesen und ihr Wirken in der Seele des Menschen* (1992)
- 180 *Mysterienwahrheiten und Weihnachtsimpulse. Alte Mythen und ihre Bedeutung* (1980)
- 186 *Die soziale Grundforderung unserer Zeit – In geänderter Zeitlage* (1990)
- 193 *Der innere Aspekt des sozialen Rätsels* (2007)
- 202 *Die Brücke zwischen der Weltgeistigkeit und dem Physischen des Menschen.* (1993)
- 218 *Geistige Zusammenhänge in der Gestaltung des menschlichen Organismus* (1992)
- 225 *Drei Perspektiven der Anthroposophie* (1990)
- 253 *Probleme des Zusammenlebens in der Anthroposophischen Gesellschaft. Zur Dornacher Krise vom Jahre 1915* (1989)
- 255b *Die Anthroposophie und ihre Gegner 1919–1921* (2003)
- 261 *Unsere Toten. Ansprachen, Gedenkworte und Meditationssprüche 1906–1924* (1984)
- 266/1 *Aus den Inhalten der esoterischen Stunden. Band I: 1904–1909* (2007)
- 266/2 *Aus den Inhalten der esoterischen Stunden. Band II: 1910–1912* (1996)
- 297 *Idee und Praxis der Waldorfschule* (1998)
- 298 *Rudolf Steiner in der Waldorfschule* (1980)
- 301 *Die Erneuerung der pädagogisch-didaktischen Kunst durch Geisteswissenschaft* (1991)
- 304 *Erziehungs- und Unterrichtsmethoden auf anthroposophischer Grundlage* (1979)
- 306 *Die pädagogische Praxis vom Gesichtspunkte geisteswissenschaftlicher Menschenerkenntnis* (1989)
- 310 *Der pädagogische Wert der Menschenerkenntnis und der Kulturwert der Pädagogik* (1989)
- 316 *Meditative Betrachtungen und Anleitungen zur Vertiefung der Heilkunst* (2008)

343 *Vorträge und Kurse über christlich-religiöses Wirken, II* (1993)

346 *Vorträge und Kurse über christlich-religiöses Wirken, V* (2001)

Seite

7 *Aber der Mensch hat nicht gleich:* Vortrag Nürnberg, 24. Juni 1908, GA 104, S. 152.

Das Reich der Liebe wird sich so darstellen: Vortrag Berlin, 24. März 1908, GA 102, S. 111 f.

Auf dieser Liebe, die sich um die zwei Geschlechter schlingt: Vortrag Düsseldorf, 30. März 1906, GA 97, S. 161.

8 *Die Wechselwirkung zwischen Göttern und Menschen:* Ebd.

Ja, wir wissen, dass die Götter etwas entbehren: Vortrag Stuttgart, 13. August 1908, GA 105, S. 147.

Bisher hat das Christentum die Liebe nur: Vortrag Düsseldorf, 30. März 1906, GA 97, S. 164.

9 *Damit die Liebe sich auf der Erde entwickeln konnte:* Vortrag Berlin, 24. März 1908, GA 102, S. 104 f.

Alle niedere Liebe ist Schulung: Ebd., S. 105.

Damit der Mensch die «Liebe» lernt: Vortrag Berlin, 2. Dezember 1903, GA 88, S. 87.

10 *Die beste Liebe ist, die Wahrheit objektiv anzuschauen:* Esoterische Stunde Basel, 20. September 1912, GA 266/2, S. 429.

Die Liebe ist noch nicht vollkommen: Vortrag Berlin, 22. November 1906, GA 55, S. 94 f.

Die Liebe entwickelt sich in der Seele: Vortrag Dornach, 20. April 1923, GA 306, S. 120.

Die Liebe zum Geistigen wirkt: GA 17, S. 74.

11 *Es wird in der griechischen Sage erzählt:* Esoterische Stunde Berlin, 6. Mai 1906, GA 266/1, S. 152.

11 *Doch die Liebe wird etwas Edles:* Vortrag St. Gallen, 16. November 1917, GA 178, S. 55.

Der Gott, der die Menschen zusammenführt: Vortrag Berlin, 22. Februar 1906, GA 54, S. 325.

Seele und Bewusstsein stehen einander so gegenüber: Ebd., S. 326.

12 *Die Liebe ist höchstens 700 Jahre alt:* Vortrag Dornach, 15. September 1915, GA 253, S. 97.

Höchst bedeutsam ist es: Vortrag Berlin, 14. Mai 1912, GA 133, S. 108.

13 *Die neue Errungenschaft des Christentums:* Vortrag Paris, 25. Mai 1906, GA 94, S. 21.

Unter den mancherlei Dingen: Ansprache Zürich, 31. Januar 1915, GA 261, S. 118 f.

Im gewöhnlichen Leben zwischen Geburt und Tod: Vortrag Den Haag, 23. Februar 1921, GA 304, S. 27.

14 *Wenn der Mensch geschlechtsreif wird:* Vortrag Basel, 4. Mai 1920, GA 301, S. 149 f.

Nicht nur die Geschlechtsliebe bildet sich aus: Vortrag Dornach, 20. April 1923, GA 306, S. 120.

15 *Die platonische Liebe wäre in einem viel größeren Maße vorhanden:* Vortrag Berlin, 8. Dezember 1908, GA 107, S. 154.

Das ist die menschliche Kraft der Liebe: Vortrag Paris, 26. Mai 1924, GA 84, S. 283.

16 *Warum konnten denn der Christus mit seinen Worten:* Vortrag Basel, 25. September 1909, GA 114, S. 185 f.

Was heißt im Grunde genommen, kosmisch gefasst: Vortrag Dornach, 11. Dezember 1920, GA 202, S. 113.

17 *So wie auf unserem Vorgänger, dem Monde:* Vortrag Stuttgart, 12. August 1908, GA 105, S. 132 f.

Nehmen wir die Liebe, die die Mutter hat zu ihrem Kinde: Vortrag Wien, 19. März 1910, GA 119, S. 29 f.

18 *Wenn wir den Zorn verwandeln:* Vortrag München, 5. Dezember 1909, GA 58, S. 70.

18 *Liebe kann man zu etwas Bekanntem haben:* Vortrag Berlin, 28. Oktober 1909, GA 58, S. 124.

19 *Nehmen wir einmal an, ein Mensch habe ein liebevolles Herz:* Vortrag Helsingfors (Helsinki), 5. April 1912, GA 136, S. 59 f.

Die Liebe entwickelt sich in der Seele: Vortrag Dornach, 20. April 1923, GA 306, S. 120.

20 *Die Liebe zum Übersinnlichen wandelt:* Widmungsspruch, 10. Januar 1905, GA 40, S. 248.

Erinnerung und Liebe: Widmungsspruch, 28. Januar 1922, GA 40, S. 299.

Betrachten wir noch einmal die Worte: Esoterische Stunde Berlin, 4. November 1910, GA 266/2, S. 83.

21 *Glaube, Liebe, Hoffnung sind drei Stufen:* Vortrag Nürnberg, 2. Dezember 1911, GA 130, S. 178.

Die drei höheren Tugenden sind: Vortrag Berlin, 2. Dezember 1903, GA 88, S. 82 f.

23 *Die Erkenntnis ist das Licht:* Widmungsspruch, 26. November 1909, GA 40, S. 260.

Zwei Mächte müssen auf der Erde wirken: Vortrag Düsseldorf, 30. März 1906, GA 97, S. 164.

So erscheint also wirklich das Leben wie ein Kampf: Vortrag Berlin, 22. Februar 1906, GA 54, S. 326 f.

24 *Das, was Christus der Erde brachte:* Vortrag Düsseldorf, 30. März 1906, GA 97, S. 163 f.

Wir haben für unseren Egoismus nichts: Vortrag Zürich, 17. Dezember 1912, GA 143, S. 206 f.

Die Erde wird beschienen von der heutigen Sonne: Vortrag Hamburg, 20. Mai 1908, GA 103, S. 53.

25 *Wir entnehmen das Heilmittel entweder aus der Umgebung:* Vortrag Hamburg, 27. Mai 1910, GA 120, S. 202.

Das Weltenall besteht seiner inneren Substanz und Wesenheit nach: Vortrag Dornach, 19. September 1924, GA 346, S. 215 f.

26 *Jede Regung seelischer Art*: Vortrag Hamburg, 27. Mai 1910, GA 120, S. 193.

27 *Geist eröffnet uns, offenbart uns das Licht:* Vortrag Berlin, 10. Dezember 1915, GA 65, S. 177.

29 *Das In-sich-die-Liebe-Heranbilden wird zu der Erkenntnis führen:* Vortrag Berlin, 29. September 1904, GA 53, S. 40.

Die Liebe, die sinnliche, ist der Ursprung für das Schöpferische: Vortrag Zürich, 17. Dezember 1912, GA 143, S. 207.

Die Bedeutung der Liebe im Wirken der Welt: Ebd., S. 208.

Wie Liebe aus Lieblosem hervorgeht: Vortrag Berlin, 22. November 1906, GA 55, S. 95.

30 *Die Liebe, welche durch die physischen Gegenstände hervorgebracht wird:* Vortrag Berlin, 14. Mai 1908, GA 56, S. 328.

Welche Kraft allein ist es denn: Vortrag Berlin, 23. April 1914, GA 63, S. 418.

31 *In das Innerste des menschlichen Wesenskernes:* GA 13, S. 415 f.

In der Zukunft werden die Menschen: Vortrag Hamburg, 28. Mai 1910, GA 120, S. 223.

33 *Aber nun können Sie, wenn Sie das menschliche Leben betrachten:* Vortrag München, 25. August 1913, GA 147, S. 39 f.

34 *Denn Liebe kann oftmals die Maske sein:* Vortrag Stuttgart, 14. Februar 1915, GA 174b, S. 70.

Der Mensch hat nämlich nicht bloß die Möglichkeit: Vortrag Dornach, 6. Oktober 1921 nachmittags, GA 343, S. 445 f.

Das Schlimmste, was geleistet wird heute: Vortrag Köln, 8. Mai 1912, GA 143, S. 184.

35 *Erforderlich ist die Höherentwicklung der Persönlichkeit:* Vortrag Berlin, 12. Juni 1907, GA 96, S. 326.

35 *Manche Liebe entspringt häufig nur aus Seelenarmut:* Ebd.

Man muss einfach sagen: Vortrag Dornach, 6. Dezember 1918, GA 186, S. 99 f.

36 *Die menschliche Natur hat in sich:* GA 32, S. 418.

Es ist dem menschlichen Bewusstsein innerhalb der Sinneswelt wesentlich: GA 17, S. 61 f.

37 *Zu fragen aber hat die Menschheit:* Vortrag Basel, 23. Dezember 1917, GA 180, S. 26.

Die schönste, selbstlose Liebe äußert sich darin: Vortrag Berlin, 12. Juni 1907, GA 96, S. 326.

Diese Liebe, die auf der Erde sich entwickeln soll: Vortrag Stuttgart, 12. August 1908, GA 105, S. 133 f.

38 *Keine Liebe ist vollkommen:* Vortrag Nürnberg, 25. Juni 1908, GA 104, S. 162.

39 *Michael geht mit allem Ernste seines Wesens:* Vortrag Goetheanum, 16. November 1924, GA 26, S. 118.

In die Liebe muss sich etwas ergießen: Vortrag Berlin, 28. Oktober 1909, GA 58, S. 129.

Niemals würden wir die Fähigkeit haben: Vortrag Dornach 22. Juli 1923, GA 225, S. 177.

40 *Die dreijährige Anwesenheit des Christus auf der Erde:* Vortrag Basel, 25. September 1909, GA 114, S. 189.

41 *Eine ... menschliche Kraft, die für das Leben im eminentesten Sinne notwendig ist:* Vortrag Darmstadt, 27. Juli 1921, GA 77a, S. 37 f.

42 *Die Liebe vollführt die größten Taten:* Vortrag Berlin, 2. November 1909, GA 117, S. 29.

Weisheit durchwärmt die menschliche Seele: Vortrag Berlin, 14. Februar 1907, GA 55, S. 156.

Wie sich die Liebe nach und nach hier auf der Erde entwickelt: Vortrag Berlin, 16. Mai 1908, GA 102, S. 177.

Da Luzifer kam: Vortrag Berlin, 22. November 1906, GA 55, S. 97.

43 *Wir können noch einen Fall erwähnen:* Vortrag
St. Gallen, 21. November 1909, GA 108, S. 104.

Nun stellt man sich gewöhnlich vor: Vortrag Arnheim,
17. Juli 1925, GA 310, S. 12.

44 *Die Liebe wird die Seele festigen:* GA 14 (Die Pforte
der Einweihung), S. 84.

Der Weg zum Herzen geht durch den Kopf: GA 4, S. 25 f.

Blind sind für des Weibes Schwächen: Widmungsspruch, 15. Juli 1895, GA 40, S. 242.

Nehmen wir an, jemand bilde sich die Vorstellung:
Vortrag Berlin, 21. November 1912, GA 62, S. 123.

45 *Den Sinn der Welt verwirklicht die von Weisheit
erleuchtete:* Widmungsspruch, August 1906, GA 40,
S. 256.

Entwicklung des Menschen ist: Widmungsspruch,
25. September 1909, GA 40, S. 259.

Nicht die abstrakte Liebe: Vortrag Berlin, 12. März
1908, GA 56, S. 250.

Wer wollte denn leugnen: Vortrag Berlin, 12. Februar
1914, GA 63, S. 279.

46 *Wenn wir eine wirklich selbstlose Liebe aufbringen:*
Vortrag Paris, 25. Mai 1914, GA 154, S. 88 f.

Die Tiere werden durchzogen von Strömungen: Vortrag
Köln, 7. Juni 1908, GA 98, S. 94.

47 *Der einzige Weg, der zu Gott wirklich führt:* Vortrag
Dornach, 5. Oktober 1921 nachmittags, GA 343,
S. 393.

Zwischen der Aufmerksamkeit und der Liebe: Vortrag
Stuttgart, 4. Januar 1921, GA 255b, S. 276 f.

48 *Aus der Liebe, die der Lehrer und die Lehrerin:* Vortrag
Stuttgart, 31. August 1919 abends, GA 297, S. 76.

Denselben Grad von Liebe: Ansprache Stuttgart,
13. Januar 1921, GA 298, S. 72.

49 *Wer anerzogenen Idealismus in sich entwickelt:* Vortrag
Zürich, 11. Februar 1919, GA 193, S. 69.

49 *Wenn man immer vergessen würde:* Vortrag Stuttgart, 4. Dezember 1922, GA 218, S. 276 f.

50 *Es gibt vier Sphären menschlicher Tätigkeit:* GA 40, S. 16 f.

51 *Es wogt innerhalb des Meeres des Seelenlebens:* Vortrag Berlin, 1. November 1910, GA 115, S. 125.

Wenn Sie eine Blume auf dem Felde treffen: Ebd., S. 115.

Von Allmacht, Allstärke können wir reden: Vortrag Berlin, 24. Dezember 1912, GA 143, S. 225 f.

52 *Die Idee zu haben von einem Heilmittel, das wirkt:* Vortrag Dornach, 8. Januar 1924, GA 316, S. 116.

Was ist verunreinigt durch das luziferische Element: Vortrag Hamburg, 27. Mai 1910, GA 120, S. 195.

55 *Heute kann der Mensch sozusagen in sich gehen:* Vortrag Stuttgart, 14. November 1909, GA 117, S. 108.

So gibt es heute gewisse Wahrheitsbestände: Vortrag Berlin, 11. Oktober 1909, GA 117, S. 11.

56 *Diese Lehren des Buddha werden uns:* Vortrag Basel, 16. September 1909, GA 114, S. 49.

57 *Der Buddha hatte die Aufgabe:* Vortrag Berlin, 25. Oktober 1909, GA 116, S. 23 f.

Was bedeutet es denn, wenn wir im gewöhnlichen Leben: Vortrag Helsingfors (Helsinki) 6. April 1912, GA 136, S. 69.

«Was ihr getan habt einem unter diesen meinen geringsten Brüdern: Vortrag Berlin, 14. Mai 1912, GA 133, S. 114.

58 *Jedes Mal, wenn ein Gefühl des Mitleids:* Vortrag Köln, 8. Mai 1912, GA 143, S. 184.